我
思
· COGITO ·

A Companion to Descartes

笛卡尔指南

文聘元——著

GUANGXI NORMAL UNIVERSITY PRESS
广西师范大学出版社
·桂林·

笛卡尔指南
DIKAER ZHINAN

策　　划：叶子@我思工作室
责任编辑：叶　子
助理编辑：周士武
装帧设计：刘振东
内文制作：王璐怡

图书在版编目（CIP）数据

笛卡尔指南 / 文聘元著. -- 桂林 : 广西师范大学
出版社, 2022.1
　（我思学园）
　ISBN 978-7-5598-4376-0

Ⅰ. ①笛… Ⅱ. ①文… Ⅲ. ①笛卡尔(Descartes,
René 1596-1650)－哲学思想－青少年读物 Ⅳ. ①B565.21-49

中国版本图书馆 CIP 数据核字（2021）第 211165 号

广西师范大学出版社出版发行

（广西桂林市五里店路 9 号　邮政编码：541004）

网址：http://www.bbtpress.com

出版人：黄轩庄

全国新华书店经销

北京汇林印务有限公司印刷

（北京市大兴区黄村镇海鑫路9号　邮政编码：102611）

开本：850 mm × 1 168 mm　1/32

印张：8.5　　　　　　字数：150 千字

2022 年 1 月第 1 版　　2022 年 1 月第 1 次印刷

定价：39.80 元

目录

CONTENTS

第一讲
我们现在还可以看到笛卡尔的头骨

笛卡尔是史上最伟大的哲学家之一，他在法国历史上的地位无与伦比，可以说是法国历史上最伟大的人之一，历来都受到法国人的热爱。例如1987年，为了纪念笛卡尔的代表作之一《方法论》出版三百五十周年，法国出版了一本书，名字就叫《笛卡尔与法国》。这本书竟然把笛卡尔与整个法国等同起来，由此可见他在法国人心目中有多么伟大！

书中还有这样简明扼要的话："（笛卡尔）这个哲学家的命运真是奇特，似乎无论什么都丝毫影响不了他作为一个民族的化身。"[1]

我们知道，法国是西方历史上最能代表西方文明的国家之一，从这个角度，笛卡尔也可以说是整个西方文明的代表人物之一。

要了解笛卡尔，首先要了解他的人生。

我们将会看到，笛卡尔不仅有着伟大的思想，而且还有着不平凡的精彩人生。

更有意思的是，我们至今还可以看到笛卡尔的头骨，这在所有近代和古代西方伟人中，甚至在所有历史上的名人中，都是罕见的！

现在我们就来讲笛卡尔独一无二的精彩人生。

赌博高手

记述笛卡尔生平的著作有很多，其中一本名叫《笛卡尔的秘密手记》的书最与众不同，它展示了另一个笛卡尔，他的人生与我们平常所见到的大不相同。作者通过大量的实地采访，结合过去的资料，写成了一部精彩的笛卡尔传记，里面的很多内容是我们过去未曾看到过甚至想到过的，给我们呈现出一个全新的笛卡尔。

笛卡尔出生于 1596 年，诞生地是法国西部图兰省和布瓦杜省交界处的拉海镇，现在这里叫"笛卡尔镇"。

笛卡尔可以说生来不幸：一是体质很差，二是出生后没几天母亲就去世了。

但笛卡尔还是顺利长大了，八岁左右进了拉弗莱舍公学学习。

拉弗莱舍公学是当时全法国最知名的学校之一，由法王亨利四世创建，是法国上流家庭孩子们求学的地方。

笛卡尔在这里系统地学习了法语、拉丁语、希腊语等语言，还有散文、诗歌、哲学、逻辑学、伦理学、数学等课程。

除了上课，笛卡尔在学校里最特别的是他有"特权"。例如他早晨可以睡懒觉，当别的孩子一早起床去祈祷、吃早餐时，小笛卡尔却可以一直赖在被窝里，直到上课铃响了才起床。

这个赖床的习惯伴随了笛卡尔一生，也将对他的人生结局产生极大影响。

学校经历中，给笛卡尔留下最深刻印象的一件事发生在 1610 年。

这一年，身为天主教徒的法王亨利四世联合一些信仰新教的德国诸侯，要与信仰天主教的西班牙作战，这惹恼了许多法国天主教徒。5 月 14 日，当亨利四世的马车经过巴黎的费罗那利街时，一位名叫瑞瓦拉克的虔诚又激进的天主教徒冲进了国王的马车，将亨利四世当场杀死。

这时候发生了一件怪事。因为国王早就指示了他死后应该怎样处理他的遗体：要把他的心脏取出来安葬在拉弗莱舍公学。国王的命令当然是要遵照执行的。于是，亨利四世死后，他的心脏真的被挖出来送往拉弗莱舍。当这件尊贵的奇物来到学校时，学校挑选了二十四名成绩优异的学生参与护送，笛卡尔也在这群学生之中，经历了人生中的奇特一幕。

1615年，笛卡尔在拉弗莱舍学校待了八年之后，毕业离开了。

他先到了普瓦提埃大学读法律，第二年就拿到了法律博士学位，不久去了巴黎。

到巴黎后，笛卡尔一开始也像无数生活在巴黎的纨绔子弟一样，成天饮酒玩乐，过着纸醉金迷的放荡生活。例如经常和朋友们在一起玩牌赌钱。这时候的笛卡尔就显得与众不同了，因为他有着极为出色的牌技，几乎逢赌必赢，堪称当时巴黎最有名的赌博高手之一，也因此赚了许多钱。这使他受到了朋友们万分的敬佩，也更受欢迎了，身边几乎随时都有一帮朋友围绕着。整天要么是打牌赌钱，要么是在街上闲晃，看到美女就围上去搭讪，估计应该有过不少艳遇。

这种日子对一般年轻人是很有吸引力的，可能一辈子也不会去想其他。

然而笛卡尔不是这样。

实际上，他的心中早就澎湃着一种痛苦与欲望：痛苦的是这种生活让他感到迷茫，欲望是想要离开，过另一种生活。

结果就是他离开法国，加入了外国的军队。

笛卡尔是在 1618 年夏天离开法国的，他去了荷兰，加入拿骚的莫里斯的军队。

对了，笛卡尔从军可不同于一般人的当兵，他参军就像在拉弗莱舍学校学习一样，是有特殊待遇的：一是不领军饷；二是不参战，只做文书工作。因此他不必像一般军人那样按时出操、集合，有很多自由时间。

这样一来，他当兵实际上和旅行差不多，每当军队到达某地，他就到处闲逛，增长见识。

就在这样的闲逛之中，笛卡尔遇到了一个将影响他终生的朋友，那就是贝克曼，当地一位颇有名气的数学家。

这次相遇成为笛卡尔人生中第一个重要转折点。至于为什么如此，《世界哲学百科全书》给出了几个理由，其中第一个就是他们两人有着共同的爱好——数学，并且都认为需要"将物理学与数学以一种精确的方式结合在一起"[2]。

我们知道，笛卡尔不但是伟大的哲学家，而且是伟大的数学家，是整个数学史上最伟大的创新者之一，他的创新之路就是从这里开始的。

1619 年 11 月，笛卡尔在德国时，他人生中发生了第二个重要转折。

这个转折有点奇特，就是一天夜里的三个梦。

第一个梦相当恐怖，梦中笛卡尔看到了许多幽灵鬼怪，醒来之后，他感觉有一种奇怪的痛苦，并不是怕鬼，而是怕这些鬼怪是来阻止他完成心中已有的任务的。于是他十分焦虑，开始向上帝祈祷，虔诚地恳求上帝帮助他。

此后他又睡了，于是又有了第二个梦。

这回在梦中他听见了一种奇怪的声音，尖锐刺耳，把他惊醒了，他睁开双眼，发觉屋子里到处都是星星。过了一会儿，他清醒了，立即进行了一番哲学的沉思，结果认为那声音不是坏事，而是真理将要降临于他的吉兆。

此后他再次睡着了，于是又有了第三个梦。

这个梦比前两个都要好，梦中他不但没有感到恐惧，反而很高兴。梦中他看见了两本书，一本是词典，另一本是他很喜欢的诗集。最有意思的是，笛卡尔还在梦中给自己解梦，认为梦中的词典象征着各门结合在一起的科学，诗集则象征着哲学与智慧的统一。——这正是他未来要走的路，他要将科学与哲学相结合，甚至将各门科学统一起来。

可以说，笛卡尔此后的整个研究都是围绕这一主题进行的，即他要将所有的科学都统一起来，甚至要将科学与哲学也统一起来。至于具体的统一方法，就是他找到的新数学——解析几何。我们知道，解析几何本身也是一种统一，即代数与几何的统一。

笛卡尔追求科学的统一并不奇怪，这乃是许多伟大的科学家与哲学家共同的梦想，甚至是他们为之奋斗一生的事业。例如亚里士多德，他的哲学实际上也是哲学与科学的统一，他既是最伟大的哲学家又是最伟大的科学家。牛顿的科学同样是一种大统一，例如他的万有引力就是将所有物体都统一在一种力之下，这也是"万有"之名的来源。

爱因斯坦，他同样毕生在追求着统一。早在1901年的一封信中他就谈到了想要追求自然界的统一性。我们知道，宇宙间有四种基本相互作用，即引力作用、强相互作用、弱相互作用、电磁相互作用，产生这些作用的力被称为宇宙的四种基本作用力。爱因斯坦就是要将所有这些作用力统一起来，这就是统一场论。

直到今天，这种统一都是许多伟大科学家的终极梦想。

哲学家与大富翁

1621年7月，笛卡尔离开军队，迁居荷兰。

这年11月的一天，他带着仆人去附近的岛上郊游。他雇了一条船，船员看到乘客只有两位，且其中一个显然是阔佬，就想谋财害命，于是他们就用当地的佛兰德斯语[3]密谋起来。他们以为这两个法国佬肯定不懂他们的语言，但想不到几年前笛卡尔就已经自学了佛兰德斯语，听懂了这些人的话。他毫不畏惧，抽出随身的佩剑，挥舞着向强盗们冲去，这群家伙顿时给吓傻了，转身就逃。笛卡尔一直将他们逼到甲板的死角，用他们的语言大骂一通，并用佩剑来了几下快如闪电的劈刺，说他可以轻易地要了他们的命，把他们全都大卸八块。这把劫匪吓住了，他也平安了。

1623 年，笛卡尔回了老家一趟，卖掉了家产，那是一大片从母亲、祖父、父亲那里继承来的土地，得到了一大笔钱。

笛卡尔一向过着富有的生活。他出生在有钱人家里，母亲去世后留给他不少地产和钱财，父亲去世后他就更加阔气了，有着丰厚又固定的收入，总之是个大富翁。财富使他可以无后顾之忧地做想做的事，例如从军又不领取薪饷；游览各地时，也会住在华丽的住所，雇用一群仆役及一名贴身侍从。

笛卡尔过着富人的生活在西方哲学史上并不是新鲜事，可以说大部分西方哲学家都是这样。在西方历史上，哲学研究一般来说是适合有钱人干的活儿。从西方最老的哲学家泰勒斯，到巴门尼德、赫拉克利特、德谟克利特，直到柏拉图、亚里士多德、马可·奥勒留、阿尔克西劳、阿里斯底波、普罗克洛、托马斯·阿奎那、培根、霍布斯、马勒伯朗士、洛克、贝克莱、休谟、霍尔巴赫、维特根斯坦，等等，大都是富人，穷人是很少的，数得出的也就苏格拉底、卢梭、斯宾诺莎等少数几个，他们还大都是自己愿意穷的，想有钱并不难。典型者如苏格拉底，他有许多阔朋友、富学生，如柏拉图、亚西比德等，但有人给钱给东西他都不要。如亚西比德曾要送一大块地给他盖房子，他回答说："假如我需要鞋子，而你送给我一整张兽皮，让我去接受它，难道不可笑吗？"又有一位叫卡尔米德的朋友要送给苏格拉底一些奴隶，这样一来他就可以靠奴隶干活去挣钱，但苏格拉底没有接受。还有一次，一个特别有钱的弟子、居勒尼学派的创立者阿里斯底波想送钱给苏格拉底，但他一如既往地没有接受。斯宾诺莎也是如此，有人送他钱他都不要。

1623 年，笛卡尔不但卖掉了地产，还在故乡图赖讷遇到了也许是他一生唯一动过心、想与之结婚的女人。艾克塞尔是这样描述他们相遇时的情形的：

> 这两人彼此凝视着，好似这几年的分离并没有减低彼此的吸引力。笛卡尔身着绿色丝绸衣服，戴着饰有羽毛的帽子，腰上系着一把佩剑，看起来器宇非凡。他走近她的身旁，她则直直地看着他的眼睛，两人就这样一句话也不说，彼此对望了好一会儿。[4]

据说这样的情形使那位小姐身旁的男人非常愤怒，拔剑就要和笛卡尔决斗，但这时候的笛卡尔已经是剑术高手了，他连劫匪都不怕，何况这样的普通人呢！几个回合后笛卡尔就把对手的剑击飞了，但没有杀他，而是用剑尖指着对方的喉咙，看着旁边的小姐说："这位小姐有美丽的双眼，为此，我饶了你的性命。"

这下小姐的心简直如小兔子乱蹦，她走到了这位英气逼人的绅士身边，而他深情地望着她美丽的双眼说："你的美丽无与伦比，但我爱真理更胜于此。"

然后转身就走了。

这样的话可不是小说里瞎编的，而是那位小姐后来回忆的。她还说，当她第一次见到笛卡尔时，他还很年轻，有一天，他和几个男孩子在一起玩，大家谈起女孩来，笛卡尔说他从来没有遇到让他心动的女孩，还说："我认为世界上最难找到的三样东西就是：一个美丽的女子、一本好书以及一位全能的传道者。"[5]

据说，当笛卡尔赢得决斗，将剑架在对手的脖子上时，还说了这样的话："你的生命是属于这位小姐的，这也是我曾经为之奉献生命的人。"[6]

倘若以上回忆属实，那么这就是笛卡尔一生之中唯一真正爱过的女人了。

1629 年，笛卡尔终于开始研究哲学了。

去哪里研究呢？他没有待在巴黎，而是在外国找到了"一小块宁静的乐土"——荷兰。

至于为什么要选择荷兰，他后来在《谈谈方法》里也有所说明：

我决心避开一切可能遇到熟人的场合，

在一个地方隐居下来。那里在连年烽火之后已经建立了良好的秩序，驻军的作用看来仅仅在于保障人们享受和平成果，居民人口众多，积极肯干，对自己的事情非常关心，对别人的事情并不注意。我住在那些人当中可享受到各种便利，不亚于通都大邑，而又可以独自一人，就像住在荒无人烟的大沙漠里一样。[7]

从此笛卡尔主要生活在荷兰，长达二十年。在这漫长的二十年里，他基本上过着隐居式的生活，为了避免在一个地方待得太久导致的不便，例如认识太多人，或者有人可以找到他，他不断地搬家，在荷兰各地转来转去，"好像每一个城市的太阳烧烫着他的脚掌，或像一个坏人试图逃脱追踪"[8]。

据说，在这二十年中，笛卡尔搬了二十四次家！也就是平均在一个地方生活不到一年。

笛卡尔的生活总的来说是比较单调的，主要就是哲学与科学的沉思、写作，他一生的著作基本上都是在这段时间写成的，因此这二十年几乎是他整个的哲学生涯了。

除了哲学沉思，他也干了别的，例如和一个女人同居，然后生了一个孩子。

这事大约发生在 1634 年至 1635 年冬季，笛卡尔认识了海伦，她是房东的女仆，可能长得比较漂亮，也有些文化，笛卡尔可能只是一时冲动就与她同居了。但笛卡尔对孩子不错，有一段时间还和孩子及其母亲生活在一起。

这时候是 1637 年夏秋时节，他们生活在荷兰北部的一个叫埃赫蒙德的小村庄，这可能是笛卡尔一生中最幸福的时光。

但幸福的日子并不长久，1640 年，笛卡尔只有五岁的女儿，因为猩红热引起的高烧夭折了，伟大哲学家的幸福生活就此戛然而止。后来笛卡尔说，女儿的死是他"一生中经历的最大不幸"[9]。

关于笛卡尔对这个小女儿的爱，甚至直到 19 世纪都流行着一个传说。传说晚年的笛卡尔出于对女儿的思念，制作了一个和女儿长得一模一样的机器娃娃。这个机器娃娃不但外表和真人一模一样，连形态举止都一样。

笛卡尔生活中的又一个大变化发生在 1644 年，这一年他接受了瑞典女王克里斯蒂娜的邀请，离开荷兰去了遥远而寒冷的斯德哥尔摩。

公主与女王

虽然没有正式结过婚，但笛卡尔也许是史上女人缘最好的哲学家之一，崇拜他的女人无数，其中包括两个身份极高贵的女人，一个是公主，另一个是真正的女王。

公主是伊丽莎白，女王是著名的瑞典女王克里斯蒂娜。

我们先来讲他和伊丽莎白公主的情谊。

伊丽莎白公主是波希米亚废王腓特烈五世的大女儿。

腓特烈五世也是西方近代史上有名的人物，他的妻子就是英国国王詹姆斯一世的女儿伊丽莎白，他们一共生了九个小孩，包括四位公主和五位王子，伊丽莎白公主是九个小孩中的老大。他们的另一个女儿索菲亚也很有名，因为她嫁给了第一个汉诺威选侯恩斯特·奥古斯特一世，因此成为英国汉诺威王朝的祖先——这个王朝直到今天都统治着英国。1619 年 8 月，著名的三十年战争中的波希米亚起义后，腓特烈五世被捷克人推举为波希米亚国王，同年 11 月在布拉格加冕。但仅仅一年之后，1620 年 11 月，捷克人在白山战役中惨败给天主教大军，腓特烈五世的帝王生涯就结束了，由于在冬天当王，又在冬天失去王位，他获得了一个讽刺性的绰号："冬王"。

笛卡尔是怎么和高贵的公主联系上的呢？原因并不复杂：这位公主特别喜欢哲学，自然喜欢伟大的哲学家笛卡尔了。笛卡尔最重要的作品《哲学原理》一书就是题献给她的，他最早在 1642 年的信中已经提到了公主。

酷爱哲学的公主早就听说过笛卡尔的大名，一直想认识笛卡尔。后来终于通过一个叫伯拉特的人建立了联系。

这位伯拉特既认识笛卡尔，也认识公主，当公主向他表达对笛卡尔的仰慕之后，他赶紧将此话告诉了笛卡尔。笛卡尔一听，竟然有位公主这么喜欢他的著作，自然大为高兴，他在致伯拉特的信中写着："能够向公主鞠躬致敬并且得到她的指示，是我毕生最大的荣耀。"[10]

伊丽莎白公主是什么样的人呢？她那位后来很有名的妹妹索菲亚公主在回忆录中是这样描绘姐姐的：

> （我的）名叫伊丽莎白公主的姐姐当时已有美人之称，黑头发，白皮肤，明亮的棕色眼睛，宽宽的黑眉毛，额头端端正正，鲜红的嘴唇很美，牙齿令人赞叹，尖削的钩鼻子极易发红；她爱好学习，然而，无论她多么精通哲学，在由于血液循环而不幸鼻子通红的时刻，她照样非常伤心。……
>
> 伊丽莎白非常有学问。她通晓一切语言、一切科学，定期与笛卡尔先生来往；只是，那么多的学问使得她时常有点神情恍惚，也时常给我们增添笑料。[11]

这位美丽的伊丽莎白公主由于身份太过高贵，却又没了财产，或者还有其他特殊原因，例如太喜欢哲学以至不喜欢男人，就像许多男人也因为喜欢哲学而不喜欢女人一样，一辈子没有结婚，后来进了一所修道院，在那里当院长，终老一生，也终身都在认真地钻研笛卡尔的哲学。

关于两人的感情，现在有不同的说法，其中比较普遍的一种是认为他们两人之间至少有某种双方都没有挑明的暧昧关系。不过究竟是谁爱上了谁很难说，有人说是笛卡尔爱上了公主，也有人说是公主爱上了笛卡尔。

不管是笛卡尔爱上了公主还是公主爱上了笛卡尔，有两件事是确定的：

一、公主爱上了笛卡尔的哲学。

二、笛卡尔很尊敬甚至崇拜公主。

这两点都是有着确凿证据的。关于第一点，据说波兰的瓦萨王朝国王弗瓦迪斯瓦夫四世在妻子突然过世后，曾经向伊丽莎白公主求婚。但公主断然拒绝，说"我已经爱上了笛卡尔的哲学"，并且希望能为此奉献一生，即终身不嫁，专心研读笛卡尔哲学。[12]

尊贵的公主竟然为了笛卡尔哲学连王后都不当！并且，波兰可不是小国家，比荷兰大多了，是欧洲面积很大的王国。

据说在公主的日常生活中，占据她最多时间的就是笛卡尔哲学，即使后来笛卡尔已经去世，公主自己也进了修道院，她仍然坚持研读笛卡尔的著作。她还在修道院中建立了笛卡尔哲学俱乐部，并且经常告诉她的访客们，她和这位哲学家非常熟悉。

伊丽莎白公主的妹妹索菲亚公主也喜欢哲学和哲学家，但她喜欢的不是笛卡尔，而是比笛卡尔要年轻些的另一位同时代的伟大哲学家莱布尼茨。后来她嫁给了莱布尼茨的雇主汉诺威公爵，于是她和莱布尼茨建立了极为亲密的友谊。她很崇拜莱布尼茨的哲学，据说"世界上没有两片完全相同的树叶"这句哲学名言就是莱布尼茨有一次与公爵夫人谈话时留下的，莱布尼茨在著作中也记载了这事：

> 我记得一位聪明睿智的伟大王后有一天在她的花园里散步时说，她不相信有两片树叶是完全一样的。和她一起在散步的一位精明绅士相信他很容易就能找到两片；但他找了很久，终于凭他亲眼所见，深信永远能看到其中是有区别的。[13]

至于笛卡尔对公主的倾慕与赞美，在《哲学原理》给公主的"献辞"中看得最为清楚，其中有这样的话：

> 关于您的智力卓绝，我还亲身有一层更有力的证明，因为我还没有遇到一个人如您那样能通体了解我的著述内容。
>
> ……
>
> 您的才具是天下无双的了。不过最令我

惊服的一点是，老年的博士们多年思索的结果，尚不能对于全部科学得到那样精确而广博的知识，而一位妙龄公主却竟头头是道，这真有些奇特不凡了。

……

以您的容貌和年岁而论，比文艺女神或智慧女神更适于表征美德之一。

……

我还看到您不只具备可以达到完美崇高智慧的一切必要的才具，而且在意志方面或仪表方面，也毫无缺陷。您于威仪严肃之外，又兼具温良文雅，因此，虽处于易于溺人的富贵环境中，仍能卓然独立，不为所移。我不得不对您钦敬万端，因此我不仅认为这部作品应当献给您（因为这篇作品是讨论哲学的，而哲学正是研究智慧的），而且我觉得纵然博得哲学家这一个头衔，也不如给淑静的您做一个虔敬的仆人更为快乐。[14]

这些话可不是一般的奉承话儿，就像培根奉承詹姆士一世那样，是打心底里发出的赞美！由此可见公主在笛卡尔心中之地位是何等崇高了！

公主之后，我们再来看笛卡尔和瑞典女王的友谊。

笛卡尔和女王的友谊开始于他在巴黎新认识的两个朋友——克雷色列尔和他的姐夫夏纽，他们对笛卡尔的余生将产生重大影响。

笛卡尔先认识的是克雷色列尔，他对笛卡尔的思想不仅仅是喜欢，简直是崇拜，据说他甚至"要求他的整个家族成员都必须专心致力于笛卡尔哲学的研读"[15]。

此前，隐居的笛卡尔和外界联系的唯一通道就是学者梅尔森，但1648年9月梅尔森去世了，此后克雷色列尔就承担了从前梅尔森的角色，也成了笛卡尔最好的朋友。

有一天，克雷色列尔告诉笛卡尔，他的姐夫夏纽也很喜欢他的哲学，想认识他。

这个夏纽可是当时的重要人物，曾是税务大臣，1645年还当上了法国驻瑞典大使。一个这样的人物喜欢他的哲学，笛卡尔自然非常高兴，于是两人迅速结识了，并且颇有相见恨晚之感。

据说这位酷爱笛卡尔思想的夏纽抓住每一个机会在国内外传播笛卡尔思想。当他成了法国驻瑞典的大使后，也在瑞典传播笛卡尔哲学。

夏纽在瑞典的宣传工作给笛卡尔带来了一位新的拥趸，而且比以前的任何拥趸——包括伊丽莎白公主——都位高权重，那就是瑞典女王克里斯蒂娜。

大家可能听说过甚至看到过银幕作品里的克里斯蒂娜

女王，因为她的经历曾被拍成一部西方电影史上的经典之作，中文名译作《琼宫恨史》或《瑞典女王》，由电影史上最伟大的女星之一葛丽泰·嘉宝扮演美丽的女王。

电影里我们可以看到，克里斯蒂娜是个假小子，她在比哈尔滨的冬天还要冷上三分的瑞典的隆冬，穿着单薄的猎装奔驰在冰天雪地里，那冬天简直要因她而温暖起来。她虽然长着一张美丽无比的面庞，走起路来却是虎虎生风，说起话来也斩钉截铁，同男子汉没两样。由于一个纯粹偶然的原因，西班牙大使在一家小旅店里遇见了她。由于她女扮男装，举止潇洒，活像个有教养的大家子弟，也因为旅店里刚巧没别的房间了，那个外交官邀请她与他同住。女王因为不便暴露自己的身份，所以找不到推拒的借口，或者也因为这个外交官实在也是个迷人的家伙，就同意了。

最后，女王同外交官深深相爱。为了心爱的男人，女王毅然放弃了王位，想同爱人一起去天涯海角。

然而不幸的是，她的爱人在上船前与人决斗，丢掉了性命。电影的最后一幕是克里斯蒂娜女王带着爱人的遗体消失在茫茫大海之中。

当然事实并不是这样，女王的确逊位了，但那是因为她由新教改宗了天主教，在以新教立国的瑞典无法继续为王。她离开祖国，去了天主教的大本营罗马，在那里建立了她的艺术与哲学王朝，死后隆葬于圣彼得大教堂。

克里斯蒂娜女王可以说是当时全欧洲最有名的女人。她的名气主要来自两方面：一是她统领着一个强大的国家，17世纪的瑞典可是欧洲强国，克里斯蒂娜女王便是领导瑞典走向强大的君主之一。二是她十分博学，天资过人。单说语言，除母语瑞典语外，她还通晓法语、意大利语、西班牙语、德语、拉丁语、希腊语等。据说1645年，夏纽来到斯德哥尔摩，和她用法语对谈后曾惊讶地说："她的法文说得那么好，就像在卢浮宫内出生的人一样！"她不但博学，还十分尊敬学者，宫廷里会集了许多一流的学者与艺术家。

女王最爱做的事情之一就是和杰出的学者们通信，在她的一长串通信者名单中可以看到当时欧洲最杰出的人物，而她的好友也都是哲学、文学与艺术界的翘楚，那些翘楚往往一见到她之后，就被她的学识与仪态而非她的权力征服。

这就是克里斯蒂娜女王，当时全欧洲独一无二、无与伦比的最高贵的女人。她读到笛卡尔的著作之后，立刻为之倾心，她这样告诉夏纽：

我阅读愈多笛卡尔先生的文章，或是从您那里听到愈多关于笛卡尔先生的事情，我愈能确信笛卡尔先生是全世界最幸运的人，

也是最令人羡慕的。请向他献上我最诚挚的
敬意。[16]

　　夏纽自然将这个好消息传递给了笛卡尔，笛卡尔也非
常高兴。1647 年 2 月，他给女王发出了一封信，实际上
是一篇叫"论爱的书简"的论文，女王也愉快地回了信。
接到女王的回信，笛卡尔非常高兴，随即回信给女王，说：

　　　　敬爱的女士，即使真有一封自天堂送给我
　　的信，而且我还亲眼看着它从云端洒向我，都
　　不会比接到来自陛下您的信让我感到更惊讶、
　　期待与尊敬了。[17]

　　不久女王就不满足于只是通信了，她希望笛卡尔能够
来她的宫廷，她把这个愿望告诉了夏纽。夏纽当然高兴，
这样不但能够与老友相逢，对他的外交活动也大有帮助。
　　笛卡尔一开始很犹豫，因为他在荷兰待习惯了，觉得
那里很好，不想离开，然而去当一位伟大女王的教师实在
是有吸引力的事。于是，思前想后，笛卡尔终于同意了。
　　女王得到这个好消息后，非常高兴，她没有叫笛卡尔
自己来，或者只是派几个人去接他，而是派出了一艘军舰，
有人甚至说是一个舰队，专程前往荷兰迎接伟大的哲学家。
　　1649 年 8 月，瑞典的皇家军舰在一位将军的统领下

登陆荷兰，将军前往笛卡尔当时位于荷兰艾格蒙特的住所迎接他。据说一开始笛卡尔并不理睬，因为他不认识这位将军，后来将军设法证明了自己的身份，笛卡尔才同意跟他走。

1649 年 9 月 1 日，笛卡尔终于离开了艾格蒙特，前往阿姆斯特丹港，在那里登上了军舰。根据当时一个目击者的描述，笛卡尔气派非凡，"一头整齐的卷发，脚上套着新月形的尖头鞋，手上戴着有上等衬里的雪白手套"[18]。

这样的衣着对一个哲学家而言未免太花哨了，因此当时有人讽刺道：

> 笛卡尔这位平时衣着正经的人，在登上专程来荷兰海岸接他的轮船时，竟打扮得如同孔雀一般招摇：尖头长皮鞋，白色皮毛手套，还特意去烫卷了头发。[19]

不过一上船，笛卡尔马上就显示了他的非凡之处，例如他对航海的精通。据说当这年10月初抵达斯德哥尔摩时，他所乘的军舰的舰长向女王做了这样的汇报：

> 女王陛下，我带到陛下面前的并不是一个普通人，简直是一个神明。三个星期里，他教给我关于航海和风的知识比我六十年来在海上

学到的还多。现在，再远再艰难的航行，我也自信足以驾驭了。[20]

女王对她景仰的伟大哲学家的到来非常兴奋，专门为他举办了盛大的迎接典礼，据说女王对笛卡尔所展现的那种至高的敬意令当时聚集在她宫廷里的其他著名学者相当嫉妒。

但女王不止是表示敬意而已，她准备让笛卡尔成为瑞典的公民，还要将他封为瑞典贵族，甚至准备把她通过《威斯特伐利亚和约》从德国取得的领地分封一块给伟大的哲学家，也就是使他成为有封地的世袭贵族，这可是当时无数人梦寐以求的美事啊！

这样的说法也许有些匪夷所思，但却很有可能，因为这位女王是个很爱封爵的人，在这方面十分慷慨，她曾在十年间册封了十七个伯爵、四十六个男爵和四百二十八个低级贵族，并卖掉或抵押了价值一百二十万瑞典银元的财产，用来支付这些新贵族的俸禄，可以相信她完全有可能把笛卡尔封为男爵甚至伯爵。

笛卡尔这时候显示了他作为哲学家对名利的淡泊，没有接受女王的美意。这当然并不意味着他对女王有意见，相反，在和女王谈了几次话后，他就对女王非凡的才智赞赏有加了，只是觉得女王在哲学上还差那么一点儿，这个小小的缺陷正好由他来补足。

这时候，远在荷兰的伊丽莎白公主有怎样的感受呢？她最敬爱的哲学家竟然离她而去，和一个比她更高贵的女人在一起了，她是怎么想的呢？

不用说，她很不高兴，肯定会有些嫉妒，只是也有些无奈罢了。还有，要知道伊丽莎白公主可不是普通女人，她出生在一个高贵的家族，瑞典女王也是知道她的，甚至了解她和笛卡尔的一些关系。因此，当第一次和笛卡尔谈话时，她就问起了公主，对此笛卡尔在给公主的信中是这样说的：

敬爱的女士：

我已经抵达斯德哥尔摩四五天了。在所有要务当中，我视为首先该做的事，就是恢复为公主阁下您提供我卑微的服务……

克莉丝汀娜（即克里斯蒂娜——编者注）女皇也在第一时间问起我，是否已经接到您的任何信息，我立刻告诉她我对您的思念；自从得知她有着坚定的意志之后，我一点都不担心这会引起她的嫉妒了。同时，我也非常确定，当我坦率地告诉您我对女皇的感觉时，您一定也不会产生嫉妒的感觉。[21]

通过信中的用语，我们可以相当清楚地看到，笛卡尔处在这样既有点尴尬也有些令他飘飘然的境况之中：两个如此了不起的女人竟然都想和他在一起，都想待在他的身边，或者都想他待在她们的身边！

为什么说这也许会令笛卡尔有些尴尬呢？因为毕竟他是处在这样类似于三角恋爱的关系之中，他又哪边都不能抛弃，所以《笛卡尔的秘密手记》又说：

> 经过几次与克莉丝汀娜的会面后，笛卡尔发现他们两人之间有着绝佳默契。对他来说，这是另一个烦恼的开始：即使不是在肉体上，但他、克莉丝汀娜以及伊丽莎白之间，在精神层面上可能已经陷入了三角恋爱的关系了。[22]

上面那封信写于 1649 年 10 月 9 日，是笛卡尔给公主的最后一封信。

因为笛卡尔很快就要走到生命的尽头了。

死于寒冬

大约在 1649 年 11 月，笛卡尔开始为女王讲授哲学。

这本来是很正常的事，但对笛卡尔却很不正常。因为这位女王精力异常充沛，据说每天只睡三四个小时，早晨五点钟就起床了，她说自己在早晨起床后的一小时里头脑最清醒，因此要求笛卡尔早晨五点钟就到宫里来给她讲哲学。

我们前面说过，笛卡尔早在十来岁时就养成了睡懒觉的习惯，这习惯伴随了他一生。现在五点钟就要到王宫，他总得准备一下，路上也需要时间，还得提早赶到，不能让女王等他，也就是说，他凌晨三四点钟就得起床，这不是要了他的命吗！

还有，我们要知道瑞典是极北之国，比我们的东北还要靠北。这时候又是隆冬，是一年中最寒冷的季节。更倒霉的是，1649 年的冬季比往年更加寒冷，而笛卡尔每天都得三四点钟就起床，梳洗后前往宫廷，然后在图书室里等女王到来，这叫他如何受得了！可以说迟早会要了他的命。

倘若没有下面这件意外之事，笛卡尔或许还会撑一阵子，要是能够撑到冬天结束也许就有转机了，到时或许他就可以找借口回荷兰去。

事实上，这时候的笛卡尔已经想回去了，1650 年 1 月 15 日，在一个极寒冷的日子里，他在一封写给朋友的信中就说："我想要回到如沙漠般炽热的家乡的渴望一天比一天强烈。"[23]

但有一件事情的发生让他永远也回不到"如沙漠般炽热的家乡"了。

就在写了这封信三天后，这一天，夏纽像往常一样，一大早陪伴笛卡尔去宫廷。由于天气实在太冷，他着凉了，不久恶化成了肺炎，还把病传染给了妻子。好朋友夫妻同时病重，笛卡尔哪能不管，他不顾自己的身体也已经不大好了，精心照料起朋友来，连续几天衣不解带。问题是他还得照旧一大早去给女王讲哲学，有时女王下午还要和他讨论其他问题，例如她想建立科学院，要笛卡尔为科学院制定有关章程。笛卡尔回家时已经筋疲力尽了，但还得照顾朋友。到了2月初的一天，他将章程写好呈交给女王。这是笛卡尔最后一次见到女王。

他病倒了，病情很快恶化，到1650年2月11日就去世了，时年54岁。

我不由联想起笛卡尔曾经在信中对一位朋友说：

> 我从未像现在这样一心一意要保存自己。以前我以为死亡充其量只能剥夺掉我三四十年寿命，其实不然：今后死亡将不能猝然降临，除非是它剥夺掉我活上一百多岁的指望，因为，我觉得十分明显，只要我们避免我们通常犯的生活规律方面的错误，无须其他什么新发明，就能够获得比如今延长而且康乐的晚年。[24]

看得出来，笛卡尔这时候是希望也相信自己能够长寿的，活个百把岁问题不大。他这样说也是有理由的，因为他生活很有规律，而且十分节制，这些都是健康与长寿之道。

我们再看看他在《谈谈方法》中的一句话：

> 健康当然是人生最重要的一种幸福，也是其他一切幸福的基础。[25]

很有道理吧！但结果呢？思来真是不胜唏嘘！

神奇的头骨

笛卡尔去世了，对于一般的人物来说故事就此结束，但笛卡尔可大不一样，后面还有相当精彩的故事。

首先是笛卡尔的安葬。

笛卡尔死后，女王简直是伤心欲绝，她想追封笛卡尔为瑞典贵族，并将笛卡尔与历代瑞典国王安葬在一起，甚至准备为她尊称为"我杰出的导师"的伟大哲学家兴建一座宏伟的陵墓。

然而她的想法遭到一个人最激烈的反对，这个人就是夏纽，笛卡尔最好的朋友，将他弄到瑞典来、最终要了他的命的人。

他告诉女王，笛卡尔是天主教徒，倘若她这样做，一是笛卡尔的在天之灵不会高兴和作为新教徒的她的先辈们葬在一起，二是她的臣民们也一定会反对，说不定会惹出政治风波来。这些道理都是中肯的，后来夏纽还向女王提出要把笛卡尔葬在孤儿医院的公墓当中。这座公墓专门收容早夭的儿童以及瑞典这个新教国家的天主教徒，他说笛卡尔葬在这样的地方才比较合适。

女王考虑一番之后同意了，笛卡尔的葬礼就迅速且相当简单地举行了，当时的情形是这样的：

> 四个男人，其中之一是夏努（即夏纽——编者注）17岁的儿子，将棺椁搬到准备好的墓穴之中。在冰冻的黑暗里，这一小群人聚在墓穴的周围，摇曳的火把照亮了他们的脸。在冰冷的天穹之下，唯一的一位神父以上帝之名祈祷，泥土洒向棺椁，然后，所有人回家了。[26]

虽然笛卡尔被安葬了，但这只是他的第一次安葬而已。

到了1666年，笛卡尔已经逝世十六年了，这时候的法国驻瑞典大使——他也是笛卡尔生前旧友——认为法兰西伟大的哲学家就这样草草地埋葬在遥远的异国他乡未免太不妥了，于是自己出钱把笛卡尔的遗骸挖出来运回了法国。

有人说笛卡尔被安葬在今天的先贤祠，但事实上，此后笛卡尔的遗体经历了一番大大的曲折，要讲清楚还得颇费一番口舌。

首先，笛卡尔的遗体被从瑞典运回后，一开始葬于巴黎的圣吉纳维夫教堂，这是 1667 年 6 月的事。这是笛卡尔的第二度安葬。

这座圣吉纳维夫教堂就位于相同名字的小山上，笛卡尔安葬时圣吉纳维夫教堂还不是先贤祠，那时它只是巴黎的古老教堂之一，后来这里成为先贤祠的所在地——所以才有人误以为笛卡尔被安葬在先贤祠。

问题是笛卡尔的遗体并未一直安葬在圣吉纳维夫教堂。

笛卡尔的遗骸在圣吉纳维夫教堂度过了上百年，古老的教堂日益残破。事实上，那里不但有笛卡尔，还安放着许多法国名人的遗骸。到了大革命时期，开始有人抢劫甚至想毁掉这些在革命者们看来代表法国旧的、反动势力的东西。于是一个叫勒努瓦的画家兼文物收藏家就把教堂中的大量珍贵文物与遗骸都运走了，包括笛卡尔的遗骨。

他将笛卡尔的遗骨运回了自己收藏这些东西的仓库，还放进了他抢救来的另一件文物中，这是一座古埃及的斑岩石棺，以前放的是古埃及法老的骨头，此时用来装笛卡尔的遗骸了。

后来，那座仓库经扩建变成了"法国文化纪念博物馆"，供人参观。在博物馆的中心有一座古老的墓园，或者也叫花园，笛卡尔的遗骨就被安葬在这里，这已经是他的第三次下葬了。

具体位置是第 507 号，勒努瓦作了这样的描述：

> 第 507 号。镂空硬石石棺，内放 1650 年死于瑞典的勒内·笛卡尔的遗骨，石棺上置狮身鹰首巨兽（献祭给朱庇特的）和代表家的太阳徽章。几乎爬上云顶的杨树、紫杉与鲜花遮蔽着这个石棺。献给哲学之父，第一位教给我们如何思考的人。[27]

这个地方其实也是不错的，有一位叫拉·雷佛里叶-勒珀的人在 1798 年这样赞美道：

> 天穹下，在庄严的森林里，在广阔而荫蔽的曲折小道边，一句话，一个多样的、风景优美的静谧环境，才应该是那些名字注定会不断在人们记忆中重现的人物安歇的地方。[28]

但这个地方毕竟不是伟大的笛卡尔应有的长眠之地，大革命的领袖们也这么认为。在 1793 年，国民议会颁布法令，要求将笛卡尔的遗骸迁葬于先贤祠，即新的圣吉纳维夫教堂，法令中有这样的话：

  　　授予勒内·笛卡尔伟人荣誉，并命令将
其遗体以及由著名的帕茹制作的雕像转移至
法兰西先贤祠。[29]

但这法令后来因为种种原因一直没有得到执行。

　　还有，勒努瓦的"法国文化纪念博物馆"实际上只
是一个临时的文物避难所，并不长久，被关闭后，里面
的文物重新回到了过去的地方。但笛卡尔的遗骸没有回
到这时候已经消失的老圣吉纳维夫教堂，而是被迁葬到
了塞纳河左岸的圣日耳曼-德佩教堂。它也是巴黎最古老
的教堂之一，建于公元 6 世纪。具体的迁葬日期是 1819
年 2 月 26 日。[30]

　　有一位当时参与迁葬的人描述了打开笛卡尔棺木时的
情景：

　　令所有在场人员大吃一惊的是，棺椁中只
存有几块形状可辨的骨骸，其余的都是骨头碎
片与粉末。德朗布尔还说，开棺的那个男人"拿
了几把粉末给我们看"。接着，在这群人的注
视之下，这稀少的遗骸被放入为之准备好的墓
穴，然后用一块沉重的石头封住。[31]

就这样，笛卡尔的遗骸第四次被下葬了。

这也是最后一次。

至今，这位足以代表整个法兰西民族的伟人的遗骸并没有被安葬在先贤祠，而是在古老的圣日耳曼-德佩教堂里。今天我们可以在那里看到笛卡尔之墓以及其尖形的墓碑。

笛卡尔已经被最后一次安葬了，但故事还没有完！

因为在安葬的笛卡尔的遗骸中，并没有他的头骨！怎么回事？！一听这话，估计会有人惊讶地发出这样的疑问。事实上，笛卡尔的遗骸第二次安葬时，就已经没有头骨了。因为他的头骨在运输过程中被人偷走了。

后来，1819 年 2 月 26 日，当笛卡尔的遗骨在巴黎被第四次安葬时，发现铈、硒、钍等化学元素的著名瑞典化学家贝采里乌斯当时也在场，他惊讶地发现遗骨中竟然没有头骨！我们知道，即使尸体腐朽了，头骨也应该是最后腐朽的！

也许是上帝的安排吧，贝采里乌斯回到瑞典后，1821年 3 月的一天，他竟然在报纸上读到了一则新闻：在斯德哥尔摩举办了一场拍卖会，其中的一件拍卖品竟然是笛卡尔的头骨。于是贝采里乌斯立即将这个头骨买了下来。

然后，贝采里乌斯给当时的法国科学研究院终身书记居维叶男爵写了一封信，把刚购得的笛卡尔头骨捐献给了法国，他的意思当然是希望笛卡尔的头骨能和其他遗骨安葬在一起。但居维叶不知是怎么想的，在收到头骨后，没有放进圣日耳曼-德佩教堂笛卡尔的坟墓里去，而是将之放在他的博物馆中展示。

据说，由于经过了多人之手，这块颅骨上面有各种各样的印记，其中很多是曾经的拥有者的签名，最令人惊奇的是在颅骨顶上有一首小诗，字体是飘逸的草体拉丁文，内容如下：

> 这块小些的颅骨属于伟大的笛卡尔，
> 遗骨其余隐藏在遥远的法兰西。
> 然而他的天才，到处被颂扬；
> 他的心灵，天堂为之欢腾。[32]

现在，人们可以在法国科学院博物馆中看到笛卡尔的头骨，它与另外几个头骨放在同一个展示柜中，其中之一标示着"克罗马农人，生于十万年前"，另一个标示着"一个早期的法国农夫，智人，生于七千年前"。同时展示柜边还有个对着访客的摄影机，可以将访客的头部投影在荧光屏内，而屏幕下方则标示着："你，智人。生于零到一百二十年前"。

还有一个就是笛卡尔的头骨了，它的标示牌上写着"勒内·笛卡尔，智人。法国哲学家与学者，出生地图赖讷，移民至瑞典"[33]。

但这已经不是目前的情形了，现在头骨已经被收藏起来。因此，在《笛卡尔的骨头：信仰与理性冲突简史》的开篇，作者描述了他经过许多曲折，终于有机会亲眼看到笛卡尔头骨时的情形：

　　主人取出一串钥匙，打开储藏室的门。我们进去后，他打开一扇柜门，取出一只精心擦拭过的极为雅致的木质盒子，金属搭扣将盒盖扣得紧紧的。他打开那些搭扣，里面垫满了轻软的白纸，然后，他伸手进去取出了一样东西——我终于看到了它。

　　它，小而光滑，出乎意料地轻，上面有斑驳的颜色：有些地方被摩挲得泛出了珍珠般柔和的光泽，也有些地方颜色暗沉；但总体上，它有着陈年羊皮纸般的观感。它承载着太多的故事，这句话不仅仅是个比喻，事实也的确如此。两个多世纪之前，有人曾用拉丁文在它的顶部写下称赞和哀悯的诗句，如今，那些字迹已经消褪成模糊的浅褐色。在它的正前部，用瑞典语写就的一段铭文，隐秘地暗示了一次偷窃行为。它的侧边，挤着三个签名，那是先后拥有过它的三个男人留下的手迹，历经岁月，依稀可辨。它，就是那位史上的重要人物，被称为现代哲学之

父 的 勒 内 · 笛 卡 尔 的 颅 骨。[34]

这样的情景恐怕是前无古人、后无来者的吧!

注　释

1　《笛卡尔与法国》,（法）弗朗索瓦 · 阿祖维著, 苗柔柔、蔡若明译, 中国人民大学出版社, 2008 年 11 月第 1 版, 第 3 页。

2　*Encyclopedia of Philosophy*, 2nd edition, René Descartes 条目, V2, p.722。

3　一种荷兰语方言, 又称弗拉芒语。

4　《笛卡尔的秘密手记》,（以色列）阿米尔 · 艾克塞尔著, 萧秀姗、黎敏中译, 上海人民出版社, 2008 年 8 月第 1 版, 第 130—131 页。

5　《笛卡尔的秘密手记》, 第 131—132 页。

6　《笛卡尔的秘密手记》, 第 132 页。

7　《谈谈方法》,（法）笛卡尔著, 王太庆译, 商务印书馆, 2000 年 11 月第 1 版, 第 25 页。

8　《开启理性之门》, 冯俊著, 广西师范大学出版社, 2005 年 10 月第 1 版序, 第 4 页。

9　转引自《笛卡尔》,（英）汤姆森著, 王军译, 中华书局, 2002 年 7 月第 1 版, 第 22 页。

10　《笛卡尔的秘密手记》, 第 183 页。

11　《笛卡尔传》,（法）皮埃尔 · 弗雷德里斯著, 刘德忠译, 中共中央党校出版社, 2000 年 4 月第 1 版, 第 135—136 页。

12　参见《笛卡尔的秘密手记》, 第 188 页。

13　《人类理智新论》,（德）莱布尼茨著, 陈修斋译, 商务印书馆, 1982 年 11 月第 1 版, 第 235 页。

14　《哲学原理》之"献辞", 见《哲学原理》,（法）笛卡尔著, 关文运译, 商务印书馆, 1958 年 9 月第 1 版, 第 22—24 页。

15　《笛卡尔的秘密手记》, 第 200 页。

16 《笛卡尔的秘密手记》，第 205 页。

17 《笛卡尔的秘密手记》，第 205 页。

18 《笛卡尔的秘密手记》，第 208 页。

19 《笛卡尔的骨头：信仰与理性冲突简史》，（美）萧拉瑟著，曾誉铭、余彬译，上海三联书店，2012 年 9 月第 1 版，第 50 页。

20 《笛卡尔与法国》，第 15 页。

21 《笛卡尔的秘密手记》，第 211 页。

22 《笛卡尔的秘密手记》，第 210—211 页。

23 《笛卡尔的秘密手记》，第 212 页。

24 《笛卡尔传》，第 109 页。

25 《谈谈方法》，第 49 页。

26 《笛卡尔的骨头：信仰与理性冲突简史》，第 58 页。

27 《笛卡尔的骨头：信仰与理性冲突简史》，第 133 页。

28 《笛卡尔与法国》，第 163 页。

29 《笛卡尔的骨头：信仰与理性冲突简史》，第 125 页。

30 参见《笛卡尔的骨头：信仰与理性冲突简史》，第 141 页。

31 《笛卡尔的骨头：信仰与理性冲突简史》，第 152 页。

32 《笛卡尔的骨头：信仰与埋性冲突简史》，第 160 页。

33 《笛卡尔的秘密手记》，第 221 页。

34 《笛卡尔的骨头：信仰与理性冲突简史》，第 6 页。

第二讲

也许我们的人生是一场梦

在我看来,讲笛卡尔哲学是一个既有趣又重要的任务。

之所以有趣,是因为笛卡尔哲学不同于一般的哲学。一般的哲学,或者一般哲学家的哲学,通常是比较折磨人的,想要理解得花很大的力气。理解后虽然获得了哲学知识,对世界有了进一步的理解,然而我们并不会感到多么有趣,基本上只是劳累。但笛卡尔就不一样了,当我们读完笛卡尔之后,将会发现我们获得的并不仅仅是知识,还有乐趣,这是一种从内心深处散发出来的乐趣,是一种很美好的精神享受。

不妨打个比方。我们可以将哲学知识的获取比喻为一场获取食物的劳作,无论笛卡尔哲学还是非笛卡尔哲学,都是从劳作之中获取食物，但从非笛卡尔哲学中获取的食物大多只有营养，并不美味，而从笛卡尔哲学之中获取的食物则是像又香又甜的大苹果一样既美味又有营养。

至于原因，一方面是笛卡尔写作风格的通畅简明，另一方面是他的思想本身。既深刻又有趣，这我们在后面就会看到了。

笛卡尔的思想之所以重要，就如文德尔班指出的：

> 他对于哲学发展的影响越来越大，他是17世纪哲学发展史中的精神统治力量。[1]

文德尔班在这里着重强调了笛卡尔之于17世纪哲学的重要性。要知道在17世纪，除了笛卡尔，还有两个称得上伟大的哲学家，即培根与霍布斯，但培根已老，霍布斯还稚嫩，只有笛卡尔如日中天，统治着那个世纪。何况即使他们都当盛年，在哲学史上的地位也依然无法与笛卡尔相匹配。

不过，笛卡尔可不仅仅是17世纪思想的统治力量，也是近代甚至现代西方哲学的开创者，因此即使在整个哲学史上也称得上是统治力量之一，甚至堪与柏拉图和亚里士多德相比。

笛卡尔之所以具有如此重要的地位，在于从他之后，西方哲学的发展有了一个如黑格尔所言的"全新的方向"：

> 在哲学上，笛卡尔开创了一个全新的方
> 向：从他起，开始了哲学上的新时代；从此
> 哲学文化改弦更张，可以在思想中以普遍性
> 的形式把握它的高级精神原则。[2]

这个全新的方向是我们后面将要阐释的笛卡尔哲学的核心，即"从思维出发"。

"从思维出发"的意义在哪里呢？在于它既不像中世纪哲学一样从信仰出发，也不像比他更年长的培根那样从"经验"出发，而是开创了哲学发展的一个全新的方向。而这个方向将要代表西方哲学未来发展的主要方向。无论斯宾诺莎、莱布尼茨，还是康德、黑格尔，乃至胡塞尔、海德格尔，都是跟着笛卡尔往这个方向走的。由此可见笛卡尔开辟的这个哲学新方向的伟大意义。

正因为如此，倘若我们想要了解笛卡尔之后的整个西方哲学，无论是近代西方哲学还是现代西方哲学，笛卡尔哲学是必须经过的一关。不经过这一关是没有办法理解西方哲学的，就如孙卫民教授说的："每一个学哲学的学生都知道，不了解笛卡尔，我们无法充分理解笛卡尔之后的现代哲学。"[3]

人为什么是人？

有人曾经对笛卡尔的思想人生做过一个总的划分，共分成四个重要阶段，可以简明地看作笛卡尔哲学的整体轮廓。

第一个阶段是笛卡尔年轻时，他一开始并没有关注哲学，而是关注纯粹的数学，这大概从他遇到贝克曼开始。从那时候起他就将主要精力投入到了数学研究，并且开始思考一个他很早以前就想过的问题：数学方法是否可以应用于知识的其他领域，甚至将所有的科学都统一起来？这也一直是笛卡尔人生的主要目标之一。

第二个阶段大约从 1629 年开始，这时候笛卡尔不但关心科学，也开始关心哲学，并试图将科学与哲学结合起来。于是这时候他的研究就类似于古希腊的自然哲学了，简言之就是从科学的角度、以哲学的方式去分析这个世界。这个时期的成果就是《论宇宙》（或者译为《论世界》）。但由于其中包含着明显与传统基督教思想不同的异端思想——大致同时的 1633 年，伽利略由于宣扬这一类思想被判有罪；这使笛卡尔也不敢出版已经完成的著作，并且走向了第三个阶段。

1632 年 8 月，由于出版了《托勒密和哥白尼两大世界体系的对话》，伟大的伽利略被罗马教廷起诉。到 1633 年 6 月，教廷的宗教裁判所在对他进行了残酷的审讯之后，作出如下的判决，判决伽利略犯有"相信并宣扬"哥白尼学说之罪，对他的惩罚主要有三条：

一、他必须公开声明放弃这种信仰。

二、在各地焚烧他的《对话》，同时他的所有著作都被列入禁书，不准再印。

三、他必须终身被监禁。

这时候的伽利略已经是一个年届七旬的老人了！这样的判决对笛卡尔的影响之大可想而知。

在第三阶段里，笛卡尔开始了他伟大的探索，即方法的探索。正是这样的探索使他启用一种新的哲学方法，也正是这样的方法为整个哲学发展开辟了一条新的途径。

这一时期的成果就是《谈谈方法》。此外，《第一哲学沉思集》和《哲学原理》也是这方面的著作。所以第三阶段是笛卡尔思想最核心、成果最丰硕的阶段。

1644 年前后，笛卡尔走向了他思想的第四个阶段，这也是最后一个阶段。

在这个阶段里，笛卡尔将更多的注意力投向人。他研究人的情感、思维与意志等，特别是各种情绪。他对许多情绪如惊奇、尊敬、蔑视、爱、恨、渴望、担心、羡慕、怜悯、嫉妒等都进行了具体的研究，并且得出了独特的结论。例如关于嫉妒，他是这样说的：

当运气带给某个人一些财富，而且他确实

不配拥有这些东西时，我们就会有所嫉妒，之所以如此，是因为我们本性上向往着公平，我们会对公平在这些财富的分配中没有得到体现而感到生气，这是一种可以原谅的热情。[4]

他还说：

没有任何一种恶会像嫉妒一样有损于人们的幸福。[5]

这些都是格言式的分析，有点儿培根的味道。

第四个阶段最重要的作品是《论灵魂的激情》，这也是笛卡尔生前出版的最后一部著作，其中最核心的内容就是他的身心二元论了。

由上可见，笛卡尔的思想之路大抵是这样的：数学（及其他科学）——自然哲学——哲学新方法——人的哲学。

理解了这个，对笛卡尔哲学的整体思想就有了一个简明的轮廓。

不过，我们在具体了解笛卡尔的哲学时，可不能依据这样的顺序，而是要依据笛卡尔思想的整体特色，尽量将它显示为一个符合逻辑的、由浅入深的系统，以便更好地理解笛卡尔那些既简明又复杂、既深刻又具趣味性的哲学思想。

笛卡尔哲学的第一个特点是他很重视哲学，认为哲学是极重要的。为什么呢？因为在他看来，哲学是知识的整体，人类的一切知识都包括在哲学之内，而人之所以有别于动物，就是因为人有知识。简言之，人为什么是人？就是因为人有哲学。对此他有一番很明确的表述：

> 哲学既包括了人心所能知道的一切，我们就应当相信，我们所以有别于野人同生番，只是因为有哲学，而且应当相信，一国文化和文明是否繁荣，全视该国真正的哲学繁荣与否而定。因此一个国家如果诞生了真正的哲学家，那是它所能享受的最高特权。[6]

笛卡尔在这里还说了，不但人之区别于动物是因为人有哲学，而且，对于由人类建立的国家而言，它是繁荣发达还是愚昧落后，全在于这个国家是否有哲学，是否诞生了真正的哲学家。

笛卡尔还说，哲学不但对国家很重要，对每一个人也是这样。人活着是需要进行哲学思考的，而倘若我们只是活着，只过着那种吃饭穿衣、游戏娱乐的生活，而不进行哲学的思考，那么我们就无法理解我们自己，也无法理解生活，那情形就有如我们是盲人。

正因为哲学如此重要，我们才要积极地学习哲学。

但笛卡尔马上又指出了一个大问题，就是他所处时代的哲学出了大问题。

这个大问题就在于哲学界存在着太多的争论，也就是说，几乎所有的哲学观点都有人质疑，同时也都有人维护。这样的结果就是，人们在维护与质疑之间争来斗去，每一个哲学理论都变得可疑。

笛卡尔这样说当然是符合哲学史的，这其实是整个哲学史中最明显也最令人遗憾的现象。这种现象早在古希腊哲学晚期的怀疑主义中就表现得特别清楚。

古希腊哲学晚期的怀疑主义提出了一个关于怀疑的"五论式"，其中第一个论式就是意见的差异性。

所谓意见的差异性指的就是在哲学领域有大量的哲学家与哲学流派，他们之间的观点是千差万别的，甚至相互对立。例如究竟什么是世界的本质，是泰勒斯的水还是巴门尼德的无限，或者是恩培多克勒的四根？什么是善与恶？有没有一个终极的、普遍的善与恶的标准？又如真理。究竟什么是真理？真理有没有一个标准？我们是否可以了解这个世界，求得所谓的"知识"？还是可以像苏格拉底所言"我只知道我一无所知"？哲学史上对于这些问题根本没有统一的答案，而是众说纷纭、莫衷一是。

我们甚至可以假设有这样一个"哲学市场"，这个市场里集聚了哲学史上所有的名家，他们都超越时空来到这里，每个人都摆了一个"哲学小摊"，在那里贩卖自己的"哲学思想"。只不过这个哲学市场的哲学家们叫的是："来听哪，我这里告诉你世界的本质哪！"或者："快来哪，今天早上刚想出来的深刻思想哪！"还有人会叫："关于什么是真正的善与真正的恶，包好听，不好听不要钱！"如此等等。

这些叫卖的哲学思想就像菜市卖的菜一样，品种繁多，叫人眼花缭乱。而且，大家都知道菜各有各的美味、各有各的营养，没有什么好坏对错之分，菜贩们也不会只夸自己的菜好，说别人的菜不好、有毒。但哲学就不一样了，哲学家们一定会夸口只有自己的哲学才是真正的哲学，才是最好的甚至唯一的真理，别家哲学通通都是胡说八道。

几乎可以肯定地说，倘若真有这样的哲学集市，一定会是这样的情形。

笛卡尔正是看到了哲学中这种古怪的情形，才对当时的哲学研究表达不满并提出批评。

笛卡尔接着说，虽然对同一个问题可以有许多不同的看法，不同看法都有博学的人士支持，但这并不说明它们都是正确的，正确的看法只能有一种。

于是，他的哲学的目标就是要将那些"仅仅貌似真实的看法一律看成大概是虚假的"，然后加以摒弃，并找到那唯一的真理。

那么，如何摒弃那些似真实假的理论并找到唯一的真理呢？

笛卡尔并没有直接回答，而是先说：方法很重要。

他的意思就是说，我们要想抛弃谬误，找到真理，首先就是要找到一种新的方法，用这个新方法去求得新知识，而这些新知识就是真理。

他将他的新方法称为"新原理"，认为只有找对了这个新原理，我们才能找到正确的知识，达到哲学研究的目标。他还打了一个比方，就是将哲学研究比喻为旅行，那些方法不对的人，就有如在旅行中走错了方向的人：

> 我不得不论，哲学正如旅行一样，在旅行时，我们如果背向着自己所要去的地方，则我们在新方向中走得愈久愈快，我们就愈远离那个地方。[7]

笛卡尔的意思用一个中国成语形容最好不过了，那就是"南辕北辙"。若以这样的方式去研究哲学，自然是研究得越多，距真理就越远。而原理所起的作用就在这里：倘若找对了原理，那么就如同我们在旅行中走对了方向，达到目标是迟早的事。

所以，要找到真理，方法是很重要的。

那么，怎样才能找到正确的方法呢？

笛卡尔说，这个正确的方法也就是古往今来所有真正的哲学家都在寻求的知识之路，并且是通向知识或者说通向真理与智慧的最好的道路，这也是作为真正的哲学家所要努力走的一条道路。

他进一步指出，这条道路的核心与目的就是要找到第一原因。

所谓第一原因，我们在这里可以理解为所有知识的起点，即所有的知识都是由之而来的，它是知识的"真正原理"。

何谓第一原因？笛卡尔的回答就是我思。换言之，这个"我思"乃是笛卡尔哲学的起点。

不过，笛卡尔哲学的这个起点，并不是他探讨哲学过程的起点。

那么他探讨哲学过程的起点是什么呢？

对此笛卡尔说得很清楚，就是一切从怀疑开始。

这个起点既是笛卡尔探讨哲学之过程的起点，也是求得真知的起点。

这是一个充满偏见的世界

为什么要一切从怀疑开始呢？我们还是应当回到上面讲过的第一原因。

笛卡尔认为，要寻找真理就要找到这第一原因，因为这个第一原因可以作为所有其他知识的可靠的起点。

那么成为第一原因，需要具备什么样的条件呢？对此笛卡尔说得很清楚：

> 第一原因，这些原则必须包括两个条件。第一，它们必须是明白而清晰的，人心在注意思考它们时，一定不能怀疑它们的真理。第二，我们关于别的事物方面所有的知识，一定是完全依靠于那些原理的。[8]

在这里，笛卡尔清楚地说明了要成为第一原因，需要具备两个条件：

一、它可以成为知识的可靠来源。

二、它自身必须是可靠的，并且是非常明白、不能怀疑的。

其中第一点我们已经说过了，第二点也很重要。原因很清楚：第一原因既然是其他知识的来源，那么从它而来的其他知识要可靠的话，它自己首先就必须是可靠的、不能有疑问，这是非常明显的。它就相当于一座大厦的地基，倘若地基不牢固，那么整座大厦是不可能牢固的。

在笛卡尔看来，一个能够作为一切知识基础的哲学命题本身必须是非常简单而明确的，不能太复杂。因为倘若太复杂，它自己就要经过推理才会让人明白，而这个推理的过程中每一步都要非常可靠，需要简单而明确。这当然是很难的，也不符合作为一切真理之源的特性。

或者我们在这里可以将哲学类比为欧几里得的几何学。

欧几里得是如何开始建立他的几何学体系的呢？就是在一些最简单直接的原理的基础上建立起来的，这在《几何原本》中写得很清楚。

《几何原本》共分十三卷，第一卷又分成两节，第一节中首先给出了二十三个定义，例如什么是点与直线，什么是平面、直角、垂直、锐角、钝角，等等，这是几何学的最基本元素。对于这些元素，欧几里得没有用到任何公理与公设，因为它们甚至是比公理与公设更为基本的东西，只是一些直观的描述。

例如欧几里得给出的几个基本定义是：点是没有部分的东西，没有体积也没有面积或者长度，总之，是一个抽象的点；线则是单纯的长度，没有宽度，它是由无数点无曲折地排列而成的。

给出定义之后，欧几里得才开始了进一步的分析，例如提出了著名的五个公设，即

一、给定两点，可连接一线段。

二、直线可无限延长。

三、给定中心和圆上一点，可作一个圆。

四、所有直角彼此相等。

五、如一直线与两直线相交，且在同侧所交的两个内角之和小于两个直角，则这两直线无限延长后必定在该侧相交。

前面四个很清楚明白，一看就懂，所以也是正确的，没什么可以怀疑。但第五个就不同了，它虽然看上去对，但比较复杂。如果深入思考的话，就会发现它是有漏洞的，可以怀疑。正是这个漏洞导致了后来对它的否定，并且在否定的基础上产生了一种崭新的几何学，即非欧几何学。

这也间接地证明了笛卡尔观点的正确性：作为第一原理的东西自身必须是可靠的，并且是非常明白、不能怀疑的。

在欧几里得建立几何学体系的过程中我们可以看到一个事实，就是欧几里得是从最简明的东西建立起他的理论体系的，这个最简明的东西就是直观的描述，如"点是没有部分的东西"。请问这简明吗？当然简明，简明得我们没法对它作更多的分析，可以说是自明的，只要我们凭最简单的直觉就可以明白了。

在笛卡尔看来，哲学中的第一原因同样必须具备这样的简明性，并且简明得不需要任何的推理，仅凭直观就可以看出来。

而这种如此简明的、凭直观就能够得出来的东西当然也是最可靠的，最不能怀疑的。

现在我们再来具体地分析一切从怀疑开始。

什么是一切从怀疑开始？笛卡尔在《哲学原理》开篇就说明了这点："要想追求真理，我们必须在一生中尽可能地把所有事物都来怀疑一次。"[9]

所以，一切从怀疑开始换言之就是要怀疑一切。

为什么要怀疑一切呢？当然是因为一切都是可以怀疑的。

笛卡尔认为，我们表面上有许多知识，但实际上这些知识都是可以怀疑的。

为什么呢？这是因为当我们最初获得这些知识的时候，并没有经过仔细考察，只是有人将这些东西灌输给了我们。这些东西称不上是知识，只是成见或者说偏见。于是当我们认识事物的时候，脑子里就充满了此前被灌输的各种各样的成见，于是我们的所知也充满了各种各样的偏见。简言之，这是一个充满偏见的世界。

笛卡尔这样说是不是有道理呢？我们可以反省自己现在所有的各种知识，看是不是都经得住理性的检验；或者一直追溯到童年时代，看我们自己是不是被灌输了各种大人的成见，而后又成为我们自己的偏见。我自己是有这种体验的，例如小时候大人告诉我说，地主都是坏的。我家附近就有个地主，住在三间破草屋里，那屋子比我们家的还破。他为人其实也和和气气的，但我就觉得他是坏人，他们一家都是坏人，于是经常去他们家捣蛋，恶作剧，甚至当他们没人在家时，从窗子里爬进去，在他们的锅里放沙子什么的。现在想起来自己那时候好坏，但在那个时候我却觉得自己很对，因为他们家是地主，所有地主都是坏蛋，坏蛋就要被惩罚。地主当然有坏的，但也并不全都是坏的。因此"所有地主都是坏蛋"就是大人给我们灌输的偏见。

"所有地主都是坏蛋"这样的偏见当然是可以怀疑的，现在我们还有着类似的偏见，例如人种的偏见，认为黑人不好看、笨，白人才好看又聪明；还有地域的歧视，例如有些香港人歧视内地人，有些内地人则歧视河南人，如此等等。倘若我们想得到真理，一定要对这些偏见都加以怀疑、摒弃，甚至可以"怀疑一切"。

不过，我们要注意的是，笛卡尔在这里所说的"怀疑一切"是相对而言的，并不是绝对地怀疑一切，否则就是所谓的怀疑主义了，笛卡尔的怀疑可不是这样。

笛卡尔的怀疑与怀疑主义最大的不同在于目的：笛卡尔的怀疑不是为怀疑而怀疑，相反，是为了肯定而怀疑。这是他自己说得很清楚的：

> 我这并不是模仿怀疑论者，学他们为怀疑而怀疑，摆出永远犹疑不决的架势。因为事实正好相反，我的整个打算只是使自己得到确信的根据，把沙子和浮土挖掉，为的是

找出磐石和硬土。[10]

看到了吧，笛卡尔在这里将他的怀疑比作盖房子，盖房子需要将房子建筑在坚实的地基上，于是这就要求先将地面上那层软软的浮沙去掉。怀疑的过程就是这样一个去掉浮沙、找到坚实地基的过程。

此外，笛卡尔还明确指出过，他的怀疑乃是一种哲学化的怀疑，是与生活无关的。也就是说，即便是上面那种为了找到无可怀疑的对象而怀疑一切的行为也只是哲学上的思考，是只存在于脑子里的，与我们的实际生活无关。或者以笛卡尔自己的话来说，只是一种假想性质的怀疑。例如当我看到一只苹果时，我可以假想它是假的，只是一个幻象，并不真的存在。但这并不妨碍我知道它是可以吃的真苹果。

所以，当我们说到笛卡尔的怀疑，或者古希腊的怀疑主义时，只能将这种怀疑用于哲学的抽象思考，可不要用于我们的实际生活。实际上，不但笛卡尔不会这样，就是古希腊的怀疑主义哲学家一般也不会这样，例如阿尔克西劳，他的生活和怀疑主义是截然不同的，是非常精彩的，过着大富豪的生活。简言之，就如笛卡尔自己所言：

在立身行事方面，我们不可同时采取怀疑态度。[11]

也许人生就是一场梦

我们上面说到了要怀疑一切。这里的"一切"真的包括一切吗？当然不是的，一切太丰富了，不可能一一怀疑。笛卡尔在这里所怀疑的对象主要就是那些我们认为不能怀疑的东西，他给我们指出，这些东西恰恰是可以怀疑的。

在这些恰恰可以怀疑的东西中，笛卡尔第一个怀疑的就是物质，即我们举目可见的天地万物。如他在《谈谈方法》中所说："我们可以普遍地怀疑一切事物，尤其是物质性的东西。"[12]

这样的怀疑看上去有些不对头，因为物质明明存在着嘛！例如我看到日月星辰、花草树木，甚至我自己的身体，这些物质的存在可都是清清楚楚、明明白白的，怎么能够怀疑它们呢？似乎难以做到啊！

一般人的确难以做到，但笛卡尔可以，为了让我们也可以这样怀疑，他还出了一个好主意，就是叫我们想象有某一种妖怪，它无比厉害，能够让我们产生各种幻觉，例如让我们看到日月星辰、花草树木，或者我们自己的身体，但实际上这一切都是假的，不但这些，连整个的天空与大地，任何我们看到的颜色或者听到的声音，通通都是幻觉，都是不存在的，他这样说：

我要假定有某一妖怪，而不是一个真正的上帝（他是至上的真理源泉），这个妖怪的狡诈和欺骗手段不亚于他本领的强大，他用尽了他的机智来骗我。我要认为天、空气、地、颜色、形状、声音以及我们所看到的一切外界事物，都不过是他用来骗取我轻信的一些假象和骗局。我要把我自己看成是本来就没有手，没有眼睛，没有肉，没有血，什么感官都没有，而却错误地相信我有这些东西。[13]

倘若觉得笛卡尔这样说有些荒谬，不妨静下心来好好咀嚼一下，就会发现这的确是可能的。我们的确可以作出这样的设想，从而对我们所感知的一切存在——包括我们自己的身体——都提出怀疑。实际上，有一部好莱坞大片《黑客帝国》中就描述了这样的情形。

　　《黑客帝国》是1999年开始由华纳兄弟公司发行的系列大片，由沃卓斯基兄弟执导，由有华裔血统的基努·里维斯主演。电影里的主要情节就是那些生活在matrix里面的人，他们以为自己是人，以为自己看到的日月星辰与花草树木是客观存在的物质，其实那一切都只是他们的幻觉而已，他们实际上只是一些电脑程序，根本不是客观实在的，是一个创造matrix的电脑工程师——他的力量就有如笛卡尔上面所说的妖怪——使他们有这样客观实在的感觉。

或许，我们此刻所生活的世界也是这样的 matrix，只是我们无法自知罢了，因为还没有一个尼奥（影片主角）为我们澄清事实、指明方向。

除了那个假想的妖怪，笛卡尔还指出了其他两条怀疑之道让我们怀疑外界事物的客观实在性：一是梦，二是对具体感觉的怀疑。

我们先来看梦。笛卡尔认为，我们人在做梦时同样可以看到许多的事物，从日月星辰到花草树木，从我们自己到他人，在梦中都可以看得清清楚楚，还可以说话、动作，总之和我们在醒时看到的几乎一样。但我们知道，梦中看到的一切事物并不真的存在，只是一种幻觉。于是笛卡尔问：既然我们在梦中看到的场景也可以很真实，和我们醒时看到的同样"生动鲜明"，那么我们怎可以说我们醒时看到的与梦中的情形不是一样的，即我们不是在做梦呢？为什么不能说那些我们以为自己在醒时所看到的一切其实只是如梦中一样，只是一些幻觉呢？对此他这样说：

　　一个人如果注意到，我们睡着的时候也照样可以想象到这类事情，例如自己有另外一个身体、天上有另外一批星星、有另外一个地球之类，而实际上并不是这样，那么，只要他不是神经错乱，就一定会承认我们有充分理由对那类事情不完全相信了。因为梦中的思想常常是生动鲜明的，并不亚于醒时的思想，我们又怎么知道前者是假的、后者不是假的呢？[14]

或者用他在《哲学原理》中的话来说就是：

> 在梦中我们虽然不断地想象到或知觉到无数的物象，可是它们实在并不存在。一个人既然这样决心怀疑一切，他就看不到有什么标记可借以精确地分辨睡眠和觉醒的状态。[15]

笛卡尔在这里的意思很好懂，就是认为我们无法区分梦中与醒时所看到的事物。

这一问题，古今中外有许多哲学家都提出过，例如庄子，他曾说过意思与笛卡尔几乎完全一样的话：

> 昔者庄周梦为蝴蝶，栩栩然蝴蝶也，自喻适志与！不知周也。俄然觉，则蘧蘧然周也。不知周之梦为蝴蝶与，蝴蝶之梦为周与？[16]

译为现代汉语就是：过去庄周梦见自己变成了蝴蝶，一只欣然自得地翩翩飞舞着的蝴蝶，感到自己是多么愉快和惬意啊！不知道自己原本是庄周。突然间醒了过来，惊惶不定之间得知原来我是庄周。但不知是庄周梦中变成了蝴蝶呢，还是现在蝴蝶梦见自己变成了庄周。

庄子对于现在的自己是不是依然在梦中，他所感觉到的自己的身体是不是幻觉并不清楚。他在这里虽然只说了自己的身体，表面上比笛卡尔上面说的东西要少一些，但实际上是一样的，因为在梦中除了有蝴蝶一定还有别的东西，只是庄子没有说而已。而只要身体是幻觉，其他一切就同样成立了。

简言之，我们的人生——即人生中所经历的一切貌似真实存在的东西——也许只是一场梦。

接下来，我们再来说对感觉的怀疑。

与上面的妖怪和梦比较起来，对感觉的怀疑无疑更加哲学化，也更有深度，它涉及哲学中一个更加广泛的问题：我们的感觉是否可靠？是否可以由感觉获得可靠的知识？

我们对于这个世界的所有认识，例如日月星辰、花草树木以至我们身体的认识，都是源自我们的感觉，我们之所以认为它们是存在的，就是因为我们的感觉，即感官的知觉。例如我们之所以认为天上有个太阳，当然是因为我们看到了它；我们之所以认为自己的身体存在，当然是因为我们不但看到我们的身体，我们还能够触摸它，产生比看见还要真实而基本的触觉。也就是说，只要有了感觉，外物的存在就是可靠真实的了，而倘若没有感觉，这一切的存在似乎都将变成疑问。

上述的分析换言之就是，我们的感觉乃是这些对象存在的根源：倘若我们能够感觉它们，它们就存在，反之就不存在。用更简明的话来说就是，感觉是存在的基础。

笛卡尔正是就这一点提出了这样的疑问：请问我们的感觉是可靠的吗？倘若不可靠的话，我们所感觉到的万物是存在的吗？

笛卡尔的回答是：感觉是不可靠的，之所以如此，是因为感觉可能犯错误，他还举过一个有名的例子，就是他多次感到自己穿着衣服坐在火炉旁，但实际上却是一丝不挂地躺在被窝里。

笛卡尔的这个怀疑，至少从逻辑上是可能成立的，例如我们的感觉有时候的确不可靠，幻觉与错觉的存在就是很好的证据，即使不是幻觉与错觉，感觉导致我们对事物错误地认识也是常有的事。

但现在的问题是，我们是否可以整体地怀疑感觉呢？以及怀疑由感觉可以产生真知呢？

这个问题是西方哲学史上的老难题了，是从古希腊起就有许多哲学家提出过的问题，例如巴门尼德与赫拉克利特都是否定感觉可靠性的，不能够因为感知到了事物而确定它们的存在，马勒伯朗士作为笛卡尔的狂热粉丝，同样坚决地否认感觉的可靠性，例如他在《道德论》中说过这样的话："如果我们大家都依赖感觉事物而行动，我们便皆是罪人。"[17]

他还说，我们凭什么认为太阳的存在就是真的呢？难道太阳的存在不能够也是如我们在梦中看到的东西一样吗？不可能也是一种幻觉吗？那当然是可能的！除了笛卡尔般的抽象论证外，马勒伯朗士还提出了一个很具科学性的论证，从科学的角度说明了我们为什么不能认识万物。对此他说：

> 1.我认为你同意这一点，即对象不过是向你的眼睛反射了光。2.我假定你知道你的眼睛是怎么做成的，我认为你也同意这一点，即眼睛不过是聚集了对象的每一点所反射的光，把那么多的点都反射到视神经上，在那里有眼睛的透明液体的焦点。显然，光的汇集不过是震动了这个神经的纤维，通过这个神经，震动了这些神经的终止点——大脑的各部分，也震动了在这些纤维之间的动物精气或者这些小物体。而到这里为止，没有什么感觉，也没有什么对物体的知觉。[18]

这段话不那么好懂，要稍微想想，但随后就会发现它是有深刻道理的，所以我才要在这里引述。

我们的认识活动是通过大脑进行的，我们的大脑如何认识个体之物例如太阳呢？难道太阳进入了我们的大脑吗？当然不是。不但太阳，当我们认识任何个体之物时，它们都没有进入我们的大脑，只是通过光线的反射，它们的像才进入了大脑。既然如此，我们怎么可以通过一个像、通过大脑中的一些神经活动，就说存在着那个太阳呢？

如此等等，倘若我们愿意仔细思考，就会发现马勒伯朗士所说的是有道理的。

总之，无论是笛卡尔还是巴门尼德，赫拉克利特还是马勒伯朗士，都怀疑感觉可以给我们真知。

不但可以感觉的个体之物如此，那些在我们看来无法否定的东西，如数学证明，在笛卡尔看来同样是可以怀疑的。他在《哲学原理》里就明确提出了这个问题："为什么我们也可以怀疑数学的解证？"

众所周知，数学一般被认为是最为正确的，几乎无可怀疑，笛卡尔对数学真理也十分重视，认为它们是很明白的真理。然而笛卡尔认为其同样是可以怀疑的。至于为什么，笛卡尔说原因就在于上帝。因为上帝既然是全能的，可以做一切的事，难道上帝不能够欺骗我们、让我们觉得数学原理是正确的吗？上帝当然有这样的能力，甚至可能永远地欺骗我们，让我们觉得数学知识无论如何都是正确的。当然这只是一种假定，即在这里我们不妨先假定一下上帝能够欺骗我们，使我们产生数学真理是正确的这样的错觉，并不是真的怀疑上帝。

以上我们讨论了笛卡尔对各种对象的怀疑，他不但怀疑我们身体之存在与感觉之对象，而且怀疑看上去那么明确的数学证明，甚至在基督徒眼中至尊的上帝都可以看作是某个有能力的神明将这样的观念装进我们的脑子里来骗我们的。

对于这些怀疑，我们只要深入思考，就可以发现其中都是有一定道理的。而且这对我们理解笛卡尔哲学极为重要，甚至可以这样说：倘若不理解笛卡尔的怀疑，便无法理解笛卡尔的思想。

注 释

1 《哲学史教程》（下卷），（德）文德尔班著，罗达仁译，商务印书馆，1993年10月第1版，第534页。

2 《哲学史讲演录》（第四卷），（德）黑格尔著，贺麟、王太庆译，商务印书馆，1978年12月第1版，第65页。

3 《笛卡尔——近代哲学之父》，孙卫民著，九州出版社，2013年1月第1版，第2页。

4 《论灵魂的激情》，（法）笛卡尔著，贾江鸿译，商务印书馆，2013年10月第1版，第141—142页。

5 《论灵魂的激情》，第142页。

6 《哲学原理》，（法）笛卡尔著，关文运译，商务印书馆，1958年9月第1版之序言，第10页。

7 《哲学原理》，第13—14页。

8 《哲学原理》，第 9 页。

9 《哲学原理》，第 1 页。

10 《谈谈方法》，（法）笛卡尔著，王太庆译，商务印书馆，2000 年 11 月第 1 版，第 23 页。

11 《哲学原理》，第 1 页。

12 《谈谈方法》，第 79 页。

13 《第一哲学沉思集》，（法）笛卡尔著，庞景仁译，商务印书馆，1986 年 6 月第 1 版，第 20 页。

14 《谈谈方法》，第 31 页。

15 《哲学原理》，第 3 页。

16 《庄子·齐物论》。

17 《西方伦理学名著选辑》（下卷），周辅成编，商务印书馆，1987 年 9 月第 1 版，第 99 页。

18 《一个基督教哲学家和一个中国哲学家的对话——论上帝的存在和本性》，见《马勒伯朗士的"神"的观念和朱熹的"理"的观念》，庞景仁著，冯俊译，商务印书馆，2005 年 6 月第 1 版，第 208 页。

第三讲

我为什么存在？

上一讲我们分析了笛卡尔的怀疑，现在我们又要看一个新问题了：由那些怀疑可以得到什么结论？

我们第一个可以得出来的结论当然是这一切——包括万物、我们自己、数学证明甚至神——都是可以怀疑的、不真实的，以笛卡尔的话来说就是："凡可怀疑的事物，我们也都应当认为是虚妄的。"[1]

但这是不是说明一切都是虚妄的呢？

当然不是的，倘若这样，就属于怀疑主义了。

我为什么存在？这也许是一切哲学问题中最为迫切而难解的问题。

这个问题实际上可以包括三个子问题：

一、我真的存在吗？即我真的如我所认为的一样是一种肉体与精神的合体吗？

二、怎样证明我的存在？

三、我是怎样来的？

这里面的每一个问题都是哲学上的大问题，也是事关我们每一个人的大问题，甚至都是没有标准答案的问题。

例如第一个"我真的存在吗？"，就有许多可能的答案，第一个当然是我真的存在，并且是如我所意识到的一样是肉体与精神的合体。但这依然是可以怀疑的，笛卡尔的怀疑就是这样。还有其他可能的怀疑，例如我们前面提到的《黑客帝国》中的情形就是一个极好的例证，我们后面还会提到。在《黑客帝国》里，整个世界包括每一个人都可能只是程序，是由别人创造出来的，所以根本不是如我们自己所认为的那样存在。另一部电影《创战纪》中也描述了同类的情形。人甚至可以进入电脑游戏，成为里面的一个人物，而里面还有无数的人物，他们以为自己都是真正的人，实际上都不过是电子游戏中的人物罢了。

当然，一般来说，这种怀疑只是一种逻辑的可能，但依然可以怀疑。所以我从小就喜欢问自己这样一个问题：我知道我存在，但我怎样证明这一点呢？我们极可能永远无法证明，而只能相信。

至于我是怎样来的，就有更多的可能了，可以是常识的回答：我是从娘胎里生出来的。也可以是科幻的回答：我是一个程序，由另一个人创造出来的。还可以是宗教的回答：我是由某个神创造出来的。最后当然可以是科学的回答，我只是进化的结果，是在过去漫长的岁月里慢慢进化而来的。

这些答案就逻辑上而言都是成立的。你会怎样选择、相信哪一种呢？

笛卡尔可不是怀疑主义，因为他在这一切的怀疑之上还是得到了某种确实的、无可怀疑的东西。

这就是思。

绝对不能怀疑的东西

"思"无可怀疑，而且这种无可怀疑在笛卡尔这里是绝对的。这看上去有点深奥，其实不难明白，我们可以这样理解：

即使上面的一切如万物的存在都是假象，是幻觉，数学的证明也是假的，连上帝的存在也是可以怀疑的。但是，有一件东西却是不能怀疑的，就是我在怀疑，这本身是不能怀疑的。或者说对于感觉而言，无论是真觉还是幻觉，有这样一个感觉总是真的，这无可怀疑。即这样的"觉"或者"怀疑"是必然存在的。

请问这样的"觉"或者"怀疑"又是什么呢？换言之，就是思，它们只是思的一种形式而已。也就是说，当我们怀疑一切的存在时，唯有"思"的存在是不可怀疑的。这就是我们通过怀疑一切所得到的那个无可怀疑的对象，也就是说，这个思是必然存在的。

而这个思是个动词，也就是说它必须有一个"思者"。请问这个"思者"又是谁呢？当然就是我了，是我在思，是我之思，即我思。

这样一来，这个思就成为我的唯一可靠的对象了，倘若说它是一种属性的话，那就是我唯一靠得住的属性了，就如笛卡尔所言：

> 我觉得思维是属于我的一个属性，只有它不能跟我分开。有我，我存在这是靠得住的；可是，多长时间？我思维多长时间，就存在多长时间；因为假如我停止思维，也许很可能我就同时停止了存在。我现在对不是必然真实的东西一概不承认；因此，严格来说我只是一个在思维的东西，也就是说，一个精神，一个理智，或者一个理性。[2]

就这样，笛卡尔在"我"与"思"之间建立了必然的联系，从而进一步在"我"与"在"之间建立了必然的联

系。如此一来，就得到了笛卡尔那个最有名的哲学原理，
"我思，故我在"。

在笛卡尔看来，这个"我思，故我在"就是无可怀疑
的、最为确定的知识了。对此他在《哲学原理》中说：

> 我们既然这样地排斥了稍可怀疑的一切
> 事物，甚至想象它们是虚妄的，那么我们的
> 确很容易假设，既没有上帝，也没有苍天，
> 也没有物体；也很容易假设我们自己甚至没
> 有手没有脚，最后竟没有身体。不过我们在
> 怀疑这些事物的真实性时，我们却不能同样
> 假设我们是不存在的。因为要想象一种有思
> 想的东西是不存在的，那是一种矛盾。因此，
> "我思，故我在"的这种知识，乃是一个有
> 条理进行推理的人所体会到的首先的、最确
> 定的知识。[3]

在《谈谈方法》里笛卡尔也作过类似且更为全面的
表述：

> 既然感官有时欺骗我们，我就宁愿认定
> 任何东西都不是感官让我们想象的那个样
> 子。既然有些人推理的时候出错，连最简单

的几何学问题都要弄乱，作出似是而非的推论，而我自己也跟别人一样难免弄错，那我就把自己曾经用于证明的那些理由统统抛弃，认为都是假的。最后我还考虑到，我们醒时心里的各种思想在睡着时也照样可以跑到心里来，而那时却没有一样是真的。既然如此，我也就下决心认定：那些曾经跑到我们心里来的东西也统统跟梦里的幻影一样不是真的。可是我马上就注意到：既然我因此宁愿认为一切都是假的，那么，我那样想的时候，那个在想的我就必然应当是个东西。我发现，"我想，所以我是"这条真理是十分确实、十分可靠的，怀疑派的任何一条最狂妄的假定都不能使它发生动摇，所以我毫不犹豫地予以采纳，作为我所寻求的那种哲学的第一条原理。[4]

类似地，他在《哲学原理》中还这样说：

怀疑一切的人在怀疑时不能怀疑他自身的存在，而且在怀疑一切独不怀疑自己时，能推理的那种东西，不是我们所谓身体，而是我们所谓人心或思想，因此，我就把这种思想的存在认为是第一原理。[5]

上面这两段话是我们了解整个笛卡尔哲学时所必须要理解的，因此也可以说是我们理解整个笛卡尔哲学的基础。

这里，王太庆先生将"存在"译为"是"，即"我想，所以我是"，现在一般译为"我思，故我在"。

不过，虽然"我思，故我在"乃是笛卡尔最有名的哲学口号，也是他哲学思想的基础，但实际上并不是笛卡尔首创的。因为在他之前，伟大的奥古斯丁已经提出了相似的说法。

奥古斯丁曾经接受过怀疑主义思想，后来摆脱了怀疑主义。他是怎样摆脱的呢？就是找到了无可怀疑的东西，其中之一就是我的存在。他是这样推理的：哪怕当我们怀疑一切的时候，这个怀疑也需要条件，那就是怀疑本身的存在，由于怀疑本身的存在是确定的——怀疑主义者也不会怀疑这个，于是，就必然地推导出存在着一个怀疑者，这个怀疑者首先是我，倘若我怀疑，那么我就存在。当然，对于他人也是一样的：倘若他怀疑，他就存在，因为怀疑需要一个怀疑者。

还有，我们可以从语法或词义上进行分析：怀疑是一个动词，动词是不能做主语的，它需要一个主词才能构成一个完整的句子，这个主词就是怀疑者。

于是奥古斯丁在这里就得出了一个无可怀疑的存在

者。此外，他还用另一个巧妙的法子证明了"我"的存在：假如有人这样说，"我以为我存在，但是我受骗了"，这恰恰说明了他的存在，因为倘若他不存在，他怎么能够受骗呢？所以我受骗，故我存在！[6]

罗素也提到了这一点，他说："圣奥古斯丁提出了一个酷似'cogito'的论点。"[7]罗素在这里指的就是奥古斯丁的"我受骗，故我存在"。

显然，笛卡尔这个"我思，故我在"是从奥古斯丁这个"我受骗，故我存在"中衍生出来的。不过我们并没有证据表明笛卡尔曾经了解奥古斯丁的这个思想。

就这样，笛卡尔得到了他的第一原因，或说第一原理。当然，"我思，故我在"最核心的可不是"我"，而是"思"，即思的存在才是终极无可怀疑的对象。这也是笛卡尔哲学最基本的概念与出发点，就像文德尔班所言："意识存在的确实性是笛卡尔利用分析法所获得的统一的和基本的真理。"[8]

这里的意识就是思，意识存在就是思之存在。

我们说过，笛卡尔称之为自己哲学的"第一原理"。显然，这个第一原理也就是第一原因，即一切真理之源。于是，通过上面的分析，我们终于得到了笛卡尔所要求的作为一切知识起源的东西了。

还有，他之所以能够走到这一步，是从怀疑开始的，而怀疑从另一个角度而言是更为根本的，因为它不但对笛卡尔哲学有用，对一切的哲学，甚至对一切的思想都有用。事实上，笛卡尔之所以能够代表法兰西，最核心的原因就是他所表达出来的那种怀疑一切的精神，因此《笛卡尔与法国》中这样说道：

> 出于某种广而延之的扩展，这位法国哲学家把归结于他哲学的一些特征赋予了整个民族。就这样，法兰西变成了"笛卡尔式的"，而法国人则获得了"笛卡尔精神"。[9]

这里的核心就是怀疑的精神。

当然，笛卡尔这种推论也遭到了许多人的反对，例如休谟，他不但反对笛卡尔对感觉的怀疑，而且反对笛卡尔的这种通过怀疑达到的确信。他说，笛卡尔的这种确信是不可能达到的：

> 笛卡尔式的怀疑如果是任何人所能做到的（它分明是不能做到的），那它是完全不可救药的。而且任何推论都不能使我们在任何题目方面达到确信的地步。[10]

休谟这样的反驳当然有他的道理，作为一个经验主义者兼怀疑主义者，休谟是不可能同意笛卡尔的这种确信的。我们可以看到，笛卡尔与休谟在这里形成了一个有趣的怪圈：笛卡尔从怀疑感觉出发，最后达到了确信；休谟则相反，他从相信感觉出发，最后达到的却是怀疑——而他们所阐释的是同一个世界。

这就是哲学的现实。

在这里我们无法说笛卡尔与休谟谁对谁错，关键是从哪个角度去看问题，并没有对错之分。

由一切从怀疑开始，笛卡尔终于得到了他的哲学的第一原理——"我思，故我在"。这是笛卡尔哲学最有名的命题，也是最基本的命题，就如文德尔班所言：

> 在笛卡尔那里，"我思，故我在"这个命题与其说具有经验的含义，还不如说具有第一的、基本的、理性的真理的含义。[11]

笛卡尔自己也说：

> "我思，故我在"的这个命题，是最基本、最确定的。[12]

我们甚至可以说，"我思，故我在"乃是笛卡尔哲学的标志与核心内容，若想比较深刻地理解笛卡尔，就必须对这个命题、标志甚至口号作进一步分析。

我们不妨先来分析一下"我思，故我在"这句话本身。

"我思，故我在"最直接的理解当然是：我思，因此我存在。再扩展点儿说就是：因为我思，所以我存在。

对这句话，《哲学百科全书》是这样解释的：

第一个三段论：

思，需要有存在者去思。

我思，

因此我存在。

第二个三段论：

当我们思之时，我们不能怀疑我们的思。

我正在思。

因此我不能怀疑我在思。[13]

这里的前一个三段论补充了"我思，故我在"中所缺乏的大前提，就是思需要思者，这个思者必然是存在者，因为不存在的东西是不能思的。这样一来，我们就可以对"我思，故我在"有一个基本完整的了解了。

至于第二个三段论则是强调思之存在是不可怀疑的，即强调其直观性与明显性。这对于我们后面的理解也是很有帮助的。

在此基础上，我们再来更深入具体地分析"我思，故我在"。

这里我们第一点要说明的是，在"我思，故我在"中，笛卡尔首先将身体与思维分割开来了，这是非常明显的。这样一来，就产生了另一个问题，即思维与存在的关系问题。

西方哲学中的基本问题

凡有哲学常识的人都知道，思维与存在的关系乃是哲学中的最基本问题，也可以说是我们步入西方哲学之门时所遇到的第一个问题。于是，可以说笛卡尔通过"我思，故我在"这貌似简单的命题开启了西方哲学那扇最外层的与最基本的大门，自此西方哲学将走进两条不同的大道。这就如冯俊教授在《笛卡尔第一哲学研究》中所言：

> 欧洲近代哲学所要解决的中心问题就是思维和存在的关系问题，即思维和存在如何统一的问题，这个问题是由笛卡尔提出来的。[14]

还有，在"我思，故我在"中，当思维与存在——指作为物质的存在——分割开来后，这里的核心问题即思维与存在的关系问题，更为具体地是指思维与存在究竟何者是第一性的问题，而对于这个问题的不同回答就构成了后来哲学的两大派别——唯心主义与唯物主义。

当然，答案不论指向哪个方向，源头都是笛卡尔。之所以如此，是因为在笛卡尔的哲学当中存在着一种内在矛盾，正是这种矛盾导致他成为近代西方哲学中唯心主义与唯物主义这两大派的共同祖先，并且还留下了大量的疑难。例如我们后面会深入分析的笛卡尔对身心关系问题的探索，直到今天都在为难着哲学家甚至科学家们。

正因为笛卡尔哲学中存在着的这些矛盾，《笛卡尔第一哲学研究》中的第九章就叫"笛卡尔第一哲学中的矛盾"，其中说道：

> 笛卡尔的第一哲学尽管充满着矛盾，但是他作为近代西方哲学的源泉，同时也提出了许多在哲学上不朽的问题，这些问题成为近代西方哲学的长久主题，而且至今仍未得到圆满的解决。[15]

我们要注意的是，笛卡尔虽然是近代唯心主义与唯物主义的共同祖先，但这并不说明他在唯心与唯物之间是采取中立立场的。他的立场很鲜明，"我思，故我在"，就是由思维导出存在，是先思维而后存在，即一切是从思维出发的。从这个角度而言，笛卡尔乃是唯心主义者，这也是他的哲学的基本形态。

还有，具体而言，在"我思，故我在"中，这里的我思是我之思。而"我在"又是什么呢？

是我的身体之存在，简言之就是我的身体。

也就是说，笛卡尔是先肯定思维之存在而后才肯定身体之存在。对于我如此，对于任何人都是如此。

说明这一点同样是很重要的，因为笛卡尔自己正是从这个"我"出发去分析的，他乃是通过在我的思维与我的身体之间进行沉思而去分析何者更为关键的。例如在《第一哲学沉思集》的第三个沉思《论上帝及其存在》里，笛卡尔开篇就说：

> 现在我要闭上眼睛，堵上耳朵，脱离开我的一切感官，我甚至要把一切物体性的东西的影像都从我的思维里排除出去，或者至少（因为那是不大可能的）我要把它们看作假的；这样一来，由于我仅仅和我自己打交道，仅仅考虑我的内部，我要试着一点点地进一步认识我自己，对我自己进一步亲热起来。我是一个在思维的东西，这就是说，我是一个在怀疑、在肯定、在否定，知道的很少，不知道的很多，在爱、在恨、在愿意、在不愿意，也在想象、在感觉的东西。[16]

在这里，笛卡尔为了说明思维与身体之间何者更为根本，于是努力将自己的一切身体器官尤其是感觉器官都"消除掉",不让其对自己产生影响,他"闭上眼睛,堵上耳朵",因此看不到也听不到,还通过想象力将一切存在的物质的东西都看成是假的、不存在的;试图将这一切与身体和物质相关的东西都排除出去之后,他最后得出的结论就是我是一个在怀疑、在肯定或在爱与恨的东西,而这些怀疑、肯定、否定、爱、恨、愿意、不愿意、想象又是什么呢?都是一种思,包括感觉也是如此。因为倘若我们不考虑感觉的对象的话,那么感觉也是一种思,因为所有感觉都是要通过大脑去进行的,实际上也是思的一种方式。因此,当他将身体与物质的一切排除出去之后,剩下那不可排除的、必然存在的对象就只有思维了,就像他在上述引文的后面所言:"我确实知道我称之为感觉和想象的这种思维方式,就其仅仅是思维方式来说,一定是存在和出现在我心里的。"

为什么要说"仅仅是思维方式"呢?因为这里实际上排除了思维的具体内容,例如感觉到的物体、爱、恨与怀疑或者肯定的对象,将它们通通排除掉后只余下那个空空的思维本身,这就是"仅仅是思维方式"了。

他以为,这种思维方式即"纯粹的思维"是一定存在的。

在《谈谈方法》里,笛卡尔对此作出了更加清楚的说明:

我仔细研究我是什么，发现我可以设想我没有形体，可以设想没有我所在的世界，也没有我立身的地点，却不能因此设想我不是。恰恰相反，正是根据我想怀疑其他事物的真实性这一点，可以十分明显、十分确定地推出我是。另一方面，只要我停止了思想，尽管我想象过的其他一切事物都是真的，我也没有理由相信我是过。因此我认识了我是一个本体，它的全部本质或本性只是思想。它之所以是，并不需要地点，并不依赖任何物质性的东西。所以这个我，使我成其为我的灵魂，是与形体完全不同的，甚至比形体容易认识。即使形体并不是，它还仍然是不折不扣的它。[17]

由上可见，笛卡尔通过对我的思维与身体之间的关系之沉思，得出了思维是先于存在的，或者说我的思维是先于我的身体的，这就直接导出了他的唯心主义。

在《哲学原理》里，笛卡尔同样分析了这个问题，其第一章第11节标题就叫"我们如何知道自己的心比知道自己的身体还清楚"。其中举例说：

例如，我如果因为触着地球，看到地球，

因而判断地球是存在的，则我更可以本着同样根据和更大的理由，相信我的心灵是存在的。因为我虽然以为自己触着地球，可是它也许是不存在的；但是我既然如此判断，则这样判断的心，当然不能不存在。关于呈现于我们的心灵的一切物象，我们都可以如此说。[18]

笛卡尔这个例子表述得更为清楚，他的意思就是说：我现在接触了地球，因为我就站在大地之上，我也看得到大地上的一切，因此我判断地球是存在的。但这种判断可能是有问题的，因为我可以将这种看到想象成是一种幻觉，所以这种判断也可能是错误的，大地也许并不存在。但在这里，我毕竟作出了"大地不存在"这样的判断，请问这是不是需要一个判断者呢？如倘若大地的存在是一个幻觉，是不是需要有一个"觉"者呢？当然需要，这个觉就是思了。因此，我们的思维的存在是比大地的存在更加确定的，换言之就是思维先于存在。

在《哲学原理》的后面，笛卡尔继续对思维先于存在进行了分析。他说倘若我们认真地进行哲学思考，就可以对我们心中的观念进行仔细的审察，只认定那些最清楚明白地存在着的东西才是真的。这时候我们将看到，我们的思维是先于身体的，或者思维是先于作为物质的存在者的。换言之，我们的思维才是最本质的，也是最先的存在者，以笛卡尔的话来说就是："我们的本性就在于思想，在这个范围以内我们才是存在的。"[19]

总而言之，笛卡尔通过"我思，故我在"找到了那个毋庸置疑地存在着的东西，这就是思维或者说意识，笛卡尔的整个哲学也是从这里出发的。理解这一点不但对我们理解笛卡尔思想很重要，而且对理解他之后的许多哲学家与哲学流派的思想也很重要，例如胡塞尔现象学，或者石里克与维也纳学派的理论。对此，石里克是这样说的：

> "我思，故我在"这个判断（在做了一切必要的订正之后）的确表达了一个无可辩驳的真理，即意识内容存在着。[20]

这和笛卡尔在《第一哲学沉思集》中的一句话是很一致的："当我们发觉我们是在思维着的东西时，这是一个第一概念。"[21]

一个容易产生的误解

从上面的分析之中，我们不难理解为什么笛卡尔认为思维先于存在，却很容易产生一个误解，这个误解若不纠正就不可能真正理解思维与存在之间的关系，也不可能理解"我思，故我在"的真正含义。

这个误解就是认为，当笛卡尔从"我思"出发得到"我在"这个结论的时候，"我思"与"我在"之间是一种推导的关系，即由"我思"推导出"我在"。但这是错误的，甚至与笛卡尔的思维背道而驰。

为什么呢？当然是因为"我思"与"我在"之间实际上不是推导的关系，而是一种直接蕴含的关系。

对此笛卡尔自己就说得很明白：

> 当我们发觉我们是在思维着的东西时，这是一个第一概念，这个概念并不是从任何三段论式推论出来的。当有人说：我思维，所以我存在时，他从他的思维得出他的存在这个结论并不是从什么三段论式得出来的，而是作为一个自明的事情；他是用精神的一种单纯的灵感看出它来的。从以下的事实看，事情是很明显的，如果他是从一种三段论式推论出来的，他就要事先认识这个大前提：凡是在思维的东西都存在。然而，相反，这是由于他自己感觉到如果他不存在他就不能思维这件事告诉他的。[22]

这一段是很重要的，它显示了当笛卡尔说"我思，故我在"时，这里不是一种推理的关系，即不是由我思推出我在。在笛卡尔看来，也恰恰是不能这样的。因为这样的推论是

一个三段论:

> 凡思维者都存在,
>
> 我思,
>
> 所以我在。

在这里"凡思维者都存在"乃是大前提,但笛卡尔认为这个"凡思维者都存在"并不是作为大前提而存在的,因为这样一来就没有那种直接的蕴含性了。事实上,在笛卡尔看来,"凡思维者都存在"乃是从"我思,故我在"中引出来的一个命题,是后面才有的。

更为具体地说,笛卡尔在这里实际上强调了两点:一是"我思"与"我在"之间并不是一种推导的关系,二是它们之间乃是一种"自明"的关系。这个关系就是"我思"与"我在"实际上直接地蕴含,即在"我思"之中就直接地蕴含着"我在",不需要任何的推理,是自明的。至于大前提"凡是在思维的东西都存在",同样是不需要论证的,也是自明的命题,以笛卡尔的话来说这是"用精神的一种单纯的灵感"看出来的。这种"精神的一种单纯的灵感",简言之就是直觉,是不需要任何推理的直觉。

对于这种"我思"与"我在"之间的直接蕴含,或许可以打个这样的比方:例如我现在说一句话:雷锋是个好同志。接着我又问:您猜雷锋是不是人?您八成会不屑地说:"吁,你真傻,雷锋既然是好同志,当然是个人呗,还用问?"这也就是说,"雷锋是人"这个判断乃是存在于"雷锋是好同志"这个判断之中的。所以，当你断定雷锋是个同志时，也自然而然地肯定雷锋是人了，这是不需要什么推论的。

换言之就是说："雷锋是人"这个命题是直接地蕴含于"雷锋是好同志"这个命题之中的。

"我思"与"我在"的关系类似于此。所以黑格尔也说：

> 思维是第一件事，随之而来的下一个规定是与思维直接联系着的，即存在的规定。我思维，这个思维就直接包含着我的存在。[23]

这话很好理解。理解了它，我们也就理解了"我思，故我在"以及"我思"与"我在"之间关系的真意了。

注　释

1　《哲学原理》，（法）笛卡尔著，关文运译，商务印书馆，1958 年 9 月第 1 版之序言，第 1 页。

2　《第一哲学沉思集》，（法）笛卡尔著，庞景仁译，商务印书馆，1986 年 6 月第 1 版，第 25—26 页。

3　《哲学原理》，第 2—3 页。

4　《谈谈方法》，（法）笛卡尔著，王太庆译，商务印书馆，2000 年 11 月第 1 版，第 26—27 页。

5　《哲学原理》，第 14 页。

6　参见《西洋哲学史》（第二卷），（英）柯普斯登著，庄雅棠译，台湾黎明文化事业有限公司，1988 年 3 月第 1 版，第 13 页。

7 《西方哲学史》（下卷），（英）罗素著，何兆武、李约瑟译，商务印书馆，1976 年 6 月第 1 版，第 87 页。

8 《哲学史教程》（下卷），（德）文德尔班著，罗达仁译，商务印书馆，1993 年 10 月第 1 版，第 536 页。

9 《笛卡尔与法国》，（法）弗朗索瓦·阿祖维著，苗柔柔、蔡若明译，中国人民大学出版社，第 1 页。

10 《人类理解研究》，（英）休谟著，关文运译，商务印书馆，1957 年 10 月第 1 版，第 133 页。

11 《哲学史教程》（下卷），第 537 页。

12 《哲学原理》，第 4 页。

13 *Encyclopedia of Philosophy*, 2nd edition, René Descartes 条目, V2, p.736。

14 《笛卡尔第一哲学研究》，冯俊著，中国人民大学出版社，1989 年 11 月第 1 版，第 78 页。

15 《笛卡尔第一哲学研究》，第 208 页。

16 《第一哲学沉思集》，第 34 页。

17 《谈谈方法》，第 27—28 页。

18 《哲学原理》，第 4—5 页。

19 《哲学原理》，第 33 页。

20 《普通认识论》，（德）M. 石里克著，李步楼译，商务印书馆，2005 年 11 月第 1 版，第 112 页。

21 《第一哲学沉思集》，第 144 页。

22 《第一哲学沉思集》，第 144 页。

23 《哲学史讲演录》（第四卷），（德）黑格尔著，贺麟、王太庆译，商务印书馆，1978 年 12 月第 1 版，第 70 页。

第四讲
上帝的存在与皇帝的新衣

前面我们分析了"我思，故我在"，但并没有分析完，因为在这里还有最后一点要说，理解这一点对于我们后面进一步理解笛卡尔的思想至关重要。

在"我思，故我在"之中，为什么由"我思"可以导出"我在"？或者说，为什么思需要有一个思者？笛卡尔对这个问题是这样回答的：因为这个非常清楚，是自明的，就像我们前面说过的欧几里得几何学中的情形一样。欧几里得在《几何原本》中首先就给出了二十三个定义，例如什么是点与直线，什么是平面、直角、垂直、锐角、钝角，等等，这是几何学的最基本元素，对于这些元素，欧几里得没有用到任何公理与公设，因为它们甚至是比公理与公设更为基本的东西，只是一些直观的描述，连推理也没有，也不能有，因为它们是自明的，可以通过一种最简单的直观而得到这些结论，并且结论是非常清楚的，无可置疑。

笛卡尔在这里也是同样，他说出了这样的话：

> 凡是我们清楚、分明地理解或领会的东西全部是真的。[1]

这也是笛卡尔从"我思，故我在"所得出来的另一个重要结论，笛卡尔显然对他这个结论是很满意的。因此，我们不妨想象这样的情形：笛卡尔在得出"我思，故我在"之后，洋洋得意之余，不由自问了一句：为什么"我思"是如此地毋庸置疑呢？

想了一会儿，他一拍脑袋，恍然大悟：这个"我思"之所以如此明了，原来是因为当我设想它、考问它时，它都是那样地明白，以至于对它的任何怀疑都会是不近情理、不讲道理！

于是，他得出了这样一个结论：凡我们能够设想得很清晰、很显然的一切事物都是真的。

对于笛卡尔而言，这乃是自明的，即不需要论证。而为了理解笛卡尔，我们也一定要清楚这一点。

当然，倘若一定要问为什么这是自明的，那么也许只能以我们心灵的自由去解释了，即我们的心灵有这样的能力与权力，将那些毫无可疑之处的东西，将那些自明的东西，看成是存在的，并且是绝对存在的，就如笛卡尔在《第一哲学沉思集》之六篇沉思的综述中所说：

> 心灵运用它固有的自由，认定任何东西只要其存在有丝毫可疑之处，就是不存在的，但是认为自己绝对不可能不存在。[2]

正是在这种自明性的基础之上，笛卡尔进一步导出了上帝与万物的存在。

我们先来看上帝之存在，这是笛卡尔哲学中极重要与核心的内容。

为什么需要证明上帝存在

上面刚刚说过，笛卡尔认为，一切具有自明性的东西，即我们能够清楚、明白地领会的东西都是真的，这是他的一个原则，就像他在六篇沉思的提要中所说的一样：

> 我们清楚、分明领会的一切东西，本来就是按照我们所领会的那样都是真实的。[3]

这是理解笛卡尔一个非常重要的核心，他将之定为"总则"：

> 在这个初步的认识里，只有我认识的一个清楚、明白的知觉。老实说，假如万一我认识得如此清楚、分明的东西竟是假的，那么这个知觉就不足以使我确实知道它是真的。从而我觉得我已经能够把"凡是我们领会得十分清楚、十分分明的东西都是真实的"这一条定为总则。[4]

我们现在就从这个总则继续往下分析。

在此我们可以首先引用黑格尔的一段话：

> 我们必须寻求确定的东西；确定的东西就是确认，就是一贯的、纯粹的认识本身。这就是思维；然后那笨拙的理智就按照思维的要求向前推进。从笛卡尔起，哲学一下转入了一个完全不同的范围，一个完全不同的观点，也就是转入主观性的领域，转入确定的东西。[5]

这段话是很重要的，它表明了笛卡尔哲学的重要性，就是从他开始哲学有了一个伟大的转向——转入了思维的领域或者说主观性的领域。笛卡尔的思维首先就是我思，既然是我思、我之思，当然是主观的。

除了思维的这个转向，黑格尔还提到了另一个转向，那就是转入了确定的东西。

所谓确定的东西，就是清楚、明白的东西，也就是前面所说过的具有自明性的东西，就像"我思"一样。

不过，这里的确定性除了与自明有关，还与一个含义有关，那就是存在。这个具有自明性的东西是存在的，这同样不言而喻。

于是，在有了上面的"总则"之后，笛卡尔的下一步工作就是要开始继续寻找那些具自明性的并且存在着的"东西"。

那是什么呢？

就是上帝。

笛卡尔就是从自明性开始探讨上帝存在的。

我们可以想象这样的情形，当确定前面的"总则"之后，笛卡尔继续沉思，看还有什么样的对象具有"我思"的存在一样的自明性。

他马上就找到了一个，而且它是比"我思"更为自明的，因而也应当具有更高的存在性或者实在性，他称之为"无限的实体"：

> 我明显地看到在无限的实体里边比在一
> 个有限的实体里边具有更多的实在性。[6]

这句话中包含着两重含义：一是明显可以看到一个无限的实体，即这个实体是清楚、明白的。二是它是实在的即实际存在的，而且它的实在性比那些有限的实体即万物更高。

不用说，这个无限的实体就是上帝了。

笛卡尔就通过这种自明性而得到了对上帝的认知，也可以说是初步证明了上帝的存在。

不过，笛卡尔也清楚地看到，并不能这么简单地证明上帝的存在。上帝的存在是一个非常复杂而重要的问题，涉及他的整个哲学体系中一些至高的东西，需要更为深入的证明。就像他在将《第一哲学沉思集》送交巴黎神学院审查时所说的一样：

> 上帝和灵魂这两个问题是应该用哲学的
> 理由而不应该用神学的理由去论证的主要问
> 题。因为，尽管对于像我们这样的一些信教
> 的人来说，光凭信仰就足以使我们相信有一
> 个上帝、相信人的灵魂是不随肉体一起死亡
> 的，可是对于什么宗教都不信的人，甚至什
> 么道德都不信的人，如果不首先用自然的理

由来证明这两个东西，我们就肯定说服不了他们。[7]

笛卡尔的这个说法是很有道理的。世界上有很多人是不信上帝的，要怎么让他们相信呢？当然不能仅仅靠信仰，仅仅告诉他们上帝是存在的、他们应该信仰是远远不够的，也起不了什么作用。要使无神论者相信上帝的存在就必须用一种理性的方式去证明，这就是笛卡尔"自然的理由"的含义了。只有存在这样的证明，才可能使那些不相信上帝的人转而相信上帝。相信上帝当然首先就是相信上帝的存在。

应该说，这样的观念并非笛卡尔首先提出的，早在托马斯·阿奎那的神学体系里就明确地有这样的思想了。在托马斯·阿奎那那里，理性较之他前面的哲人例如奥古斯丁，有着更为重要的地位，这也正是托马斯·阿奎那神学体系的主要特点之一。在他的体系里，对于上帝的信仰固然重要，对上帝进行理性的思考也同样重要。我们知道，奥古斯丁的原则是"信以致知"，即先信而后知，但在托马斯·阿奎那这里则几乎是"欲信之，先知之"，即要信仰上帝，先要了解上帝。怎么了解上帝呢？当然是通过理性。要通过人类的理性去重新审视上帝，包括上帝的存在以及我们对之的信仰等。简言之，他重新审视了理性与信仰之间的关系。就如汉斯·昆所言：

无可争议，理性有其独立性，有自己的
权利和领域，与信仰并不一样。应当认真地
对待知识和科学的新的欲求。[8]

正如阿奎那在他的《神学大全》的导言中所指出的，
他感到自己不得不在理性前提下论证信仰的合理性。这是
一个全新的挑战，它迫使他以一种新的、根本的方式彻底
思考信仰与理性之间的关系。

实际上，托马斯·阿奎那的整个哲学体系都是他重新
审视理性与信仰之间的关系所得出来的结果。现在，笛卡
尔实际上也是接过托马斯·阿奎那的衣钵，在他之后重新
以理性的方式去证明上帝的存在。

在笛卡尔看来，认识上帝在一切认识之中是第一位的，
只有认识了上帝才可能认识其余的一切，反之，若没有认
识上帝，则其余的一切都不可能知道，或者不可能确定地
知道。对此他说：

我说如果我们不首先认识上帝存在，我
们就什么都不能确定地知道。[9]

所以，正如我们前面刚说过的，当我们从"我思，故
我在"中走出来，要去寻找具有自明性的存在者之时，首

先就要去认识上帝的存在。

所谓认识上帝的存在当然就是证明上帝的存在了，对于如何证明上帝的存在，笛卡尔认为只有两种方式：

> 证明有一个上帝，只有两条路可走：一条是从他的效果上来证明，另一条是从他的本质或他的本性本身来证明。[10]

所以，我们后面就根据笛卡尔的这个说明去看看他是如何证明上帝存在的。

生命是一种不能有丝毫间断的绵延

我们先来看笛卡尔关于上帝存在的第一种证明——效果的证明，就是从上帝创造的效果去证明。

我们知道，在基督教信仰中，上帝与人类的关系就在于他是人类的创造者，也是万物的创造者。对于上帝的创造而言，人类就是上帝创造的效果。因此所谓效果的证明就是从上帝的创造物去证明上帝的存在。

这种证明亦是关于上帝存在的许多证明中最清楚的一个，因为这类证明有一个共同的特点，就是一方面源自对上帝的认识，另一方面又基于对万物的认识，即从可以感知的万物的某些特征去论证上帝存在，当然具有比较显明的基础。

通过万物去证明上帝存在最早是从奥古斯丁开始的。

奥古斯丁认为，这个世界是何等地伟大、丰富而复杂，这样的世界是怎样来的呢？是自己产生的吗？这显然是难以理解的，甚至是不可能的，一个更为合理的设想应该是，它有一个创造者，一个无比伟大的、万能的创造者，用另一个词来表达，那就是神。这也就是说，我们不必亲眼看到神，仅仅从这个世界的伟大、丰富而复杂就可以知晓神的存在与万能。所以奥古斯丁这样说：

> 在一切可见事物中，这个世界是最伟大的；
> 在一切不可见事物中，上帝是最伟大的。我们
> 看见这个世界存在，而我们相信上帝存在。
> ……
> 即使撇开先知们的声音，这个世界本身，
> 依据它的变化运动的完善秩序，依据它的一切
> 可见事物的宏大瑰丽，也已经无声地既宣告了
> 它是被造的，也宣告了它只能由一位在宏大瑰
> 丽方面不可言说、不可见的上帝来创造。[11]

这一段话可以说是奥古斯丁关于上帝存在的一切证明的基础，并且同样是笛卡尔证明上帝存在的基础。它的含义看

上去复杂，其实很简单，我们大致可以这样去理解：

例如我手中有一个杯子，结构很简单，但它们可不是自己存在的，而是由我们人造出来的。这时候我们可以这样想：既然结构如此简单的杯子都需要一个人造出来而不能自己存在，那么比杯子复杂千万倍的其他东西，例如一朵红花、一个人、一颗行星、一个星系，它们不需要创造者就可以自己产生吗？当然不能，这实际上是一种很自然的推理。

具体来说，笛卡尔证明上帝的存在，是通过人的生命的绵延去证明。他在《哲学原理》中说得很清楚：

> 只有我们生命的绵延，足以解证出上帝的存在来。[12]

笛卡尔认为，我们的生命本身乃是一种绵延，即具有一种延续性、持续性，在这种持续里不能够有一点点的间断，因为哪怕是一分一秒的间断都可能导致整个生命的崩溃。

笛卡尔的这个说法看上去不对，实际上非常对。我们不妨设想一下，我们的生命可能有一分一秒的间断吗？当然不能！因为再短时间的间断都意味着整个生命的失去。道理很简单：人死不能复生，生命的间断就意味着死亡。

人只要真的死亡了，哪怕是一秒、万分之一秒，意味着永远死了。

生命的持续性是如此之重要，但同时我们又可以看到一个事实：就是我们生命的各个部分是相互独立的，并不相互依附。例如我能够说此刻，这某一分某一秒，它的存在决定着或者依附着下一分一秒吗？当然不能。任何一分一秒之间都是相互平等的，并没有什么差异。事实上，正如时间可以看作一种均质的绵延，我们的生命也是如此，因为生命无非就是一段时间。

这意味着什么呢？笛卡尔说，意味着我们的生命之链必须随时有一种力量来维护，这样才能确保我们不但此刻存在，而且下一刻将会继续存在。否则的话，我们随时都会消失。

人如此，万物以至整个世界都是如此，全都有赖于这种力量的维护与持续。

于是笛卡尔问：这保护我们生命的绵延，使之持续的力量又是何者呢？

这种力量必须有一个基本点：就是自身的存在是不需要通过别的力量去维护从而得以持续的，它可以自己保存自己、使自己持续。因为倘若它连自身也维护与持续不了，如何能够维护与持续我们以及万物、世界呢！

因此，显而易见的是，具有这种力量的这个维持者与持续者自身不但必须是强大的，而且必须是永恒的。

于是，同样显而易见的是，这个自身强大而永恒的维持者与持续者当然就是上帝了。

就这样，笛卡尔通过效果——我们生命的绵延——证明了上帝的存在。

上帝的存在与皇帝的新衣

效果的证明之后，我们再来看"从他的本质或他的本性本身的证明"。

这个证明实际上是一种观念的证明。因为"他的本质或他的本性"实际上是对上帝的一些认识与观念，并非上帝本身，因此这个证明是从观念的角度而进行的证明。

也许因为这个证明比较复杂，所以笛卡尔花了许多篇幅去分析，例如在《哲学原理》中他是这样说的："从包含在我们对上帝的概念中的必然存在，我们可以充分推断出他的存在来。"[13]

谈到这一点，即为什么我们有关上帝的概念之中包含着他必然的存在，就可以推证上帝的必然存在，笛卡尔以三角形为例。他说，当我们了解了三角形时，就得到了一个必然的结论，就是三角形的三内角和等于两直角，这是三角形的一种性质。于是，笛卡尔认为，推而广之，当我们心灵中产生了上帝具有完美与必然存在这样的特点之时，就如同我们了解了三角形之后就会知道它必然地具有三内角和等于两直角这样的特点一样，必然地推断出上帝的存在来。用更具概括性的话来说就是：当我们了解了某个对象之后，就会同时了解其必然所具有的某些特点，并且推断出其必然的存在。

进一步地，笛卡尔说：

> 在我们对于一个事物的观念中，客观的（表象的）完美性愈大，则它的原因亦愈完美。[14]

这里的意思就是说，我们心中有许多关于完美的观念，这些观念的完美性是可以不断提升的，甚至可以走向无限的完美。——这诚然是可以的，我们只要闭上眼睛，甚至不用闭眼睛，就可以在心中想象一个越来越完美的东西，甚至想象其是最完美的。

由于这些观念都不是凭空而来的，而是有其产生者的，于是，随着这些观念的越来越完美，观念的产生者也就越来越完美，以至走向终极的完美。而只有上帝是可能具有这样的完美性的，于是笛卡尔认为，这就可以证明上帝之存在了。

但这还没有完，后面他又说：

> 据良知看来，我们极其清楚，一种事物如果能知道较自己更为完美的另一种事物，

则它一定不是自己存在的原因，因为若是如
此，它就该把自己所知道的完美品德都给了
自己；因此，我们只得说，它一定是由具有
所有那些完美品德的神来的，也就是说一定
是由上帝来的。[15]

这里的良知指的其实是一种直觉。为什么称为良知呢？
就在于这里的直觉是实实在在的，不是虚妄地给自己添
加的，或者说凭空捏造的。但人心中究竟有什么样的直觉，
由于其在人的心中，他人是无法得知的，因此就逻辑而言，
一个人完全可以瞎说他心中有这样那样的直觉，而他人
无法判断真假。换言之就是，若想知道人究竟有没有某
种直觉，凭的其实是他的良知。就如同我们俗话说的"画
虎画皮难画骨，知人知面不知心"。这可以理解为，作
为外人，当我们去了解一个人时，虽然可以了解一个人
的面貌与外在的形象，但对其心中有什么样的观念是难
以知晓的。这时候，倘若要了解一个人内心有什么样的
心思或者说观念，靠的是这个人的良知：他是一个有良
知的人，因此也是一个诚实的人，会真实地说出他有什
么样的心思或者观念。

　　这个良知对于笛卡尔论证上帝的存在是非常重要的。
例如他说人心中天然有"什么是最完美的"这样的观念，
靠的就是良知。因为任何人都完全可以说："我心中并没

有这样的观念啊！"对此笛卡尔是无法通过逻辑的或者实践的方式否定这种说法的，于是他就只能拿出这个良知来了：倘若你有良知的话，你就会承认心中有完美的事物这样的观念。而现在你之所以说没有，那是因为你没有良知。笛卡尔就用这样的方式坐实了所有人心中都有完美的事物这样的说法。

只要我们稍微想想，就会发现这类似于皇帝新衣中的情形。那些骗子说：倘若你是聪明人，就一定能够看见皇帝身上的新衣。换言之就是，倘若你说你没看见，那就说明你是傻瓜了！于是所有大人为了表明自己不是傻瓜，就说看见了皇帝身上的新衣。这在笛卡尔的证明里就是：倘若我认为自己是有良知的，那么就必须承认心中有"什么是最完美的"这样的观念，要是我否认，就说明我没有良知。于是就产生了这样的结果：我为了表明自己是有良知的，就不得不承认心中有"什么是最完美的"这样的观念了！颇类似于那些不得不说自己看见了皇帝身上的新衣的人吧。这种证明方式也可以称为皇帝新衣式的证明方式。

进一步地，笛卡尔认为，既然人心中有这样的观念，即有比我们自己完美的另一种对象，那么我们必定不会是自己产生自己的，而应当来自这种比我们更完美的对象。因为倘若我们能够自己产生自己、有这样强大的力量，我们一定会把我们所知的那种完美性包括完美的品德赋予自己的！但事实上不是这样，我们并不能自己创造自己，同样也不会将那种完美的品德赋予自己。于是就产生了这样的问题：我们是从哪里来的呢？答案当然是那个完美的品德的拥有者——上帝。因此，笛卡尔这样说：

> 我们不是自己的原因，只有上帝是我们的原因，因此，就有一位上帝。[16]

在此，笛卡尔是从抽象的完美证明完美的上帝的存在之后，再从一个具体的完美即完美的品德去证明上帝的存在。

关于笛卡尔的这种证明上帝存在的方式可以打这样一个比方。现在有一些烂苹果，于是我知道，也应该有一些好苹果，它们才是这些烂苹果的来源。而且，我们之所以心中有烂苹果的观念，当然是因为我们心中还有好苹果的观念，这样我们才能判断什么是烂苹果。或者说当我们看到一朵花，说它是美的，看到另一朵花，说它不怎么美，我们凭什么这么说呢？当然是因为我们心中有一种美的标准，这是一种美的理念或者理想之美，因此我们才可以判定一朵花是美还是不美。也就是说，当我们说某一朵花是美的，乃是因为它分享了那种理念之美，所以才是美的。

观念也是这样，当我们感觉某些观念只是表象了有限与偶性的东西，而另一些观念则表象了永恒无限的东西时，我们就可以断定，我们关于有限与偶性的观念是源自那永恒、无限的观念的。而那个永恒、无限的观念又与何者相关呢？这时候，我们当然会想起一个永恒、无限的存在者来，他必是至高无上的、永恒的、无限的、不变的、全知的全能的，等等。他当然就是上帝了，因为只有上帝具有这样的特性，或者具有这些特性者只可能是上帝。

这就证明了上帝的存在，是一种观念式的证明。

这时候，若有人问：请问在这两种观念之中，何者是首先产生的呢？笛卡尔认为，那个与永恒、无限有关的实体即上帝的观念，才是先在的。

至于为什么，在上面的例子中我们也作了解释。更明显的例子是圆，当我们在黑板上画一个圆时，我们很容易判断这个圆画得够不够圆。请问我们如何可以作这样的判断呢？当然是因为我们心中已经有了理想的圆的样子，我们才可以依之作出这样的判断。

从花和圆这两个例子可以清楚地看出，那关于有限、不完满的事物的观念，是要后于关于无限、完满的实体的观念的。而在一切无限与完满的观念之中，可能有的最无限与完满的观念是什么样的呢？当然是关于上帝的。因此，关于上帝的观念必定是最先在的，而且也是最清晰的。

因此，我们必须说，关于上帝的观念也是非常清楚的。再联系到我们上面所说过的原则——非常清楚的事物必是存在的，因此上帝也是必然存在的。

这时候还有人会反驳说，难道不可以凭空想象出一个完美的对象或完美的上帝来吗？这样一来，上帝也可以凭空想象出来了。对此，笛卡尔认为不对。他说，之所以不能够说上帝的观念是我无中生有的，是因为这个观念既然是很清楚明白的，并且是比我们自己都要完满的，那么它一定其来有自，不可能是我们的脑子凭空捏造出来的。因为这样一来，我们自己岂不也是凭空捏造出来的了吗？就像笛卡尔所说的，凭空捏造一个"比我自己更完满的是者"这样的观念"显然是不可能的事情"。[17]

上面我们分析了不少有关上帝的观念式证明，可能看上去有些复杂，其实并不难懂，它可以简化为一种更简明的形式：

一、我们心中有关于某种事物是完满性的观念，这是非常明显的。

二、这种观念不是凭空而来的，而是其来有自的，并且是来自确实具有这些完满性的事物的。

三、显然，具有这些完满性的事物只可能是上帝。

因此上帝是存在的。

甚至可以用一句话来总结：我们心中完满性这个观念的存在使我们相信有这样的完满者——上帝。如笛卡尔自己所言：

　　　　单从我存在和我心里有一个至上完满的

存在体（也就是说上帝）的观念这个事实，

就非常明显地证明了上帝的存在。[18]

若我们回想一下就会明白，这些证明的基础都是前面的那个"总则"，即凡我们能够清楚、分明地领会的东西都是真实的。而现在我们清楚、分明地认识到上帝有一个本性，那就是他是存在的，并且这是他一种永恒持有的、常住不变的本性，因此我们就可以断定上帝具有存在这个本性，并且其存在是永恒的。

此外，在《谈谈方法》里，笛卡尔还作了关于上帝存在的相似的证明，他说：

我既然在怀疑，我就不是十分完满的，因为我清清楚楚地见到，认识与怀疑相比是一种更大的完满。因此我想研究一下：我既然想到一样东西比我自己更完满，那么，我的这个思想是从哪里来的呢？我觉得很明显，应当来自某个实际上比我更完满的自然。[19]

笛卡尔在这里说得很清楚：我们心中有一个完满的观念，这是很清楚明白的，它比我更加完满，它一定是其来有自的，并且这个来源者比我要更加完满。那么它是何者呢？是何者将这个观念放到我们心中的呢？笛卡尔说：

把这个观念放到我心里来的是一个实际上比我更完满的东西，它本身具有我所能想到的一切完满，也就是说，干脆一句话：它就是神。[20]

笛卡尔就这样证明了上帝的存在，不难看出，这是一种上帝之存在的观念式证明的简明化形式。

我们上面分析了笛卡尔关于上帝存在的两种证明，显然，这两种证明的基础都是"自明性"。对于这种证明神存在的方式，也有人提出了批判，例如维也纳学派的领袖石里克，他就说：

他（笛卡尔——引者注）认为他在自明性中发现了这个标准（或者像他所说的清楚明白的洞察）。但是他所能找到的对自明性的不可错性的唯一保证就在于上帝的正确性。这样，他就永远陷入一种循环。因为使他确信自明性可靠的东西的存在本身又只是由自明性来保证的。[21]

维也纳学派听上去有些陌生，但它在现代西方哲学史上是十分重要的，例如现在英美的哲学主流分析哲学就是起源于维也纳学派的。该学派诞生于 20 世纪 20 年代奥地利的首都、音乐之都维也纳，领袖就是维也纳大学的教授石里克，此外还有鲁道夫·卡尔纳普、纽拉特、哥德尔等。他们的共同特点是都不是出身于哲学专业，许多都是杰出的数学家、物理学家、逻辑学家，但又喜欢哲学，因此想将两者结合起来，特别是将当时已经出现的重要的自然科学理论，如相对论和量子力学等，与哲学结合起来，想在科学的基础上探讨哲学。因此他们提出的观点也和传统的哲学大相径庭，例如认为哲学传统的核心内容即形而上学不但不是对的，连错的都不是，而是根本没有意义的。他们还认为经验是知识唯一可靠的来源，倘若我们要解决哲学问题，必须通过逻辑分析的方法。

维也纳学派的这些主张后来发展成了著名的逻辑实证主义，罗素和维特根斯坦都是这个运动的杰出代表。第二次世界大战后，逻辑实证主义在英美得到广泛传播，后来就成了当今英美哲学的主流——分析哲学。

石里克在这里的意思是，自明性是笛卡尔证明上帝存在的基础，如我们前面所言，这乃是一个"总则"，然而这种自明性是怎么来的呢？笛卡尔又认为是依赖于上帝的，是上帝使我们有了这样的自明性。这样一来就产生了一种循环论证：上帝存在的证明依赖的是自明性，而自明性的存在又依赖上帝。两者互为证明，因此也是一种循环证明，从逻辑上而言是无效的。

石里克这个批评是成立的，不过，笛卡尔自己也认识到了这一点，因为他早就说过：

> 如果不设定神的存在作为前提，是没有办法说出充分理由来消除这个疑团的。因为首先，就连我刚才当作规则提出的那个命题——"凡是我们十分清楚、极其分明地理解的都是真的"，其所以确实可靠，也只是由于神是或存在。[22]

笛卡尔认识到了自明性也是依赖于上帝的，一切的证明都必须以上帝的存在作为基础，而在我们前面的分析中又可以清楚地看到，上帝的存在是必须依赖自明性去证明的，因此这里看来的确存在着循环证明。

要解决这个问题倒也不难，我们只要从这个角度去理解，即对上帝的存在，本质上是不可证明的，只能靠信仰。因此笛卡尔是先有了这个信仰才去作证明的。

也就是说，对上帝存在的信仰才是这个证明的基础。至于证明本身，它只是从理性的角度分析了上帝存在的可能而不是确证性，他是为了让那些不相信上帝存在的人更容易理解上帝为什么存在而作出这个论证的，只是一种阐述信仰的方式而已。

倘若我们站在更高的角度看，就会明白基督教神学中所有关于上帝存在的论证都是这样，即告诉我们上帝的存在是可能的甚至必要的，但并不是能够确证的，就像证明几何学公理一样，这是不可能的。

注　释

1　《第一哲学沉思集》，（法）笛卡尔著，庞景仁译，商务印书馆，1986 年 6 月第 1 版，第 119 页。

2　《谈谈方法》，（法）笛卡尔著，王太庆译，商务印书馆，2000 年 11 月第 1 版，第 79 页。

3　《第一哲学沉思集》，第 10—11 页。

4　《第一哲学沉思集》，第 34—35 页。

5　《哲学史讲演录》（第四卷），（德）黑格尔著，贺麟、王太庆译，商务印书馆，1978 年 12 月第 1 版，第 69 页。

6　《第一哲学沉思集》，第 46 页。

7　《第一哲学沉思集》，第 1 页。

8　《基督教大思想家》，（德）汉斯·昆著，包利民译，社会科学文献出版社，2001 年 5 月第 1 版，第 100 页。

9　《第一哲学沉思集》，第 144 页。

10　《第一哲学沉思集》，第 122—123 页。

11　《上帝之城》（上卷），（古罗马）奥古斯丁著，王晓朝译，人民出版社，2006 年 12 月第 1 版，第 446—467 页。

12　《哲学原理》，（法）笛卡尔著，关文运译，商务印书馆，1958 年 9 月第 1 版，第 8 页。

13　《哲学原理》，第 6 页。

14　《哲学原理》，第 7 页。

15　《哲学原理》，第 8 页。

16　《哲学原理》，第 8 页。

17 参见《谈谈方法》，第 29 页。

18 《第一哲学沉思集》，第 52 页。

19 《谈谈方法》，第 28 页。

20 《谈谈方法》，第 29 页。

21 《普通认识论》，（德）M. 石里克著，李步楼译，商务印书馆，2005 年 11 月第 1 版，第 113 页。

22 《谈谈方法》，第 32 页。

第五讲

为什么会有天地万物?

证明上帝存在之后,还有另一个对象也需要证明,就是天地万物的存在。

对于万物的存在,笛卡尔首先认为,由上帝的存在并不能证明万物的存在,这可不是自明的。所以他在《探求真理的指导原则》中说:

> 虽然由我在而必然得出结论说上帝在,
> 由上帝在却不可以肯定说我也存在。[1]

这里的"我"也可以指代万物,因为倘若我在了,由于我是万物之一,并且从这个角度上说只是普通的万物之一而已，因此我的存在就自然而然地代表了万物之存在。相应地，要证明万物的存在，我们首先就是要证明我的存在。

对了，在这里我们要注意的是：此时的我已经不再是那个纯粹的思之我了，而是作为万物之一的我，也可以说是肉体之我。不再是一种思维，而是一种物质。因此笛卡尔在这里要证明的乃是作为物质的万物之存在。

我的身体为何存在？

证明这个存在的第一步就是要证明我的身体，"我思，故我在"中的思者的存在，也就是这个有身体的我或者说物质之我的存在。

对于这个物质之我，笛卡尔说：

> 我明显地认识到我依存于一个和我不同的什么存在体。[2]

我的起源不可能是我自己，这在前面证明上帝的存在时已经说过了，我显然是有限的、不完满的，而我的心中却有着完满的观念，因此我们这个不完满的东西当然不能是完满的东西的起源。我的观念如此，我的身体也是如此。这个比作为观念的思更加可疑的肉体的我，怎么可能是自己产生自己呢？当然不可能，这可以说是不言而喻的。

还有，这个我们由之起源并依赖它的"存在体"也不能是无，因为无就不是存在，不会是存在体。也许有人说：无也是一种存在啊，只是一种特殊的存在而已。当然也可以这样说，但笛卡尔可不是这么认为的。因为倘若如此，那么我就是依存于无了，但笛卡尔认为，无中是不能生有的，不但无不能生有，而且不完满的东西也不可能是完满的东西的来源，他说：

> 不仅无中不能生有，而且比较完满的东西，也就是说，本身包含更多的实在性的东西，也不能是比较不完满的东西的结果和依据。[3]

这里的意思是说，不完满的东西不能成为完满的东西的起源，换言之就是完满的东西是独立自存的，或者说来自更完满的东西。显然，这里都指向了上帝，即不完满的东西来自上帝，而完满的东西或者是上帝，或者来自上帝。

笛卡尔在这里提到了"无中不能生有"，这是一个很有意思的问题，也是哲学史上最充满矛盾与冲突的观点之一。这里的"有"就是存在着的世界万物。世界的万物究竟是怎样产生的？是从无中来还是从有中来？这直到今天都依然是一个问题。早在古希腊时期，恩培多克勒就说过，万物都是由水火土气四大元素按比例混合而成的，四大元素不会消灭，因此宇宙万物不会真的死亡或消失，而只是组成万物的四大元素的合成与分裂，这和现代科学的基本理论之一——物质不灭定律相符合。这种观点就意味着世界是无所谓诞生的，有的只是物质形式的转化。从这个角度来说，有不能生于无，而是生于不同种类的有。但这又与现代科学的另外一些理论，例如宇宙的某些"诞生理论"有一定矛盾，比如宇宙起源于某种"奇点"，但这个奇点与我们所知的物质世界是迥然不同的，完全是另一种东西。因此我们这个物质世界是"有"产生的，在产生之前并没有现在这样的物质世界，它也可以说是来自无。还有许多哲学家更是直接指出有是从无中产生的，例如老子就认为有生于无，无中可以生有："天下万物生于有，有生于无。"[4]此后的黑格尔更直接地说纯有就是无，而有就是从无中产生的。笛卡尔在这里的观点涉及了上帝创造万物，并且认为"无中不能生有"。但在这个问题上，同样是涉及上帝的造物，伟大的神学家奥古斯丁的态度却是很鲜明的，认为上帝是从虚无中创造世界的，也就是无中可以生有。当然他也提出了一些不同的假设，例如说上帝是以某些没有形式的质料来创造世界的，但这并不意味着这些质料是独立于上帝的，因为倘若这些质料是绝对没有形式的，那么它们可以说就是虚无，"甚至比无更为无"。我们还可以从科学的角度理解这样的虚无，就是奇点，那个奇点也和万物是极不相同的，可以说"甚至比无更为无"。

对于这个问题，最伟大的神学家托马斯·阿奎那的态度比奥古斯丁更加坚定，他认为上帝就是从虚无之中创造世界的，中间没有什么其他东西，也不需要其他环节，简言之就是无中完全可以生有。

笛卡尔将这一思想用于万物的起源。

首先，万物显然是不完满的。那么下一个问题就是，不完满的万物是怎么来的呢？当然是从一个完满的对象之中来的，这就是上帝了，即"上帝是万物之源"。

还有，与通过观念证明上帝存在一样，笛卡尔在这里也是着重就与万物相关的观念而言。在他看来，我们关于万物的观念是怎么来的呢？它们也如万物一样，既非凭空而来，也非人自身制造出来，而是由创造者，由一个外在的力量将它们置于我们心中的。他还举了我们心中有关热与石头的观念的由来的例子，认为它们就有着外在的来源：

> 热的观念或者石头的观念，如果不是由于一个本身包含至少像我在热或者石头里所领会的同样多的实在性的什么原因把它放在我的心里，它也就不可能在我心里。[5]

这就是说，我们之所以会有石头的观念或者热的观念，是因为有某个东西——这个东西有着某些至少类似于石头或者热的特点，同时有某种外在于我们的原因，将这些东西的类似于石头的或者热的特点放到了我们心中，我们才产生了石头的或者热的观念。

在笛卡尔看来，这个"外在的原因"是具有实在性的，这里有双重的含义：一是类似于某种外在的客观存在，就是我们所感知到的物质及其现象，如真的有一块外在的石头与热的现象，正是它们的实在性产生了我们心中的观念；另一层意思就是它们是由具有最高的实在性的对象置于我们心中的，那当然就是上帝了。总之，无论是有关万物的观念抑或万物自身，都是来源于上帝。

石头与热如此，其他万物当然也是如此，因为它们也无不与石头或者热一样，都是物体，并具有某些属性。我们之所以认识到这些，根本上是上帝将这些放在我们心中的，即是上帝使我们知道万物之存在。

通过这样的分析，笛卡尔就证明了万物是起源于上帝的。

这里要说明的是，笛卡尔进行这样的证明并不说明他真的认为需要这样的证明。因为在他看来，上帝乃万物的创造者是没有疑义的，除了上帝，万物不可能有别的创造者，对此他说：

我一般地考察世界上所有的一切，以及

能够有的一切，设法找出它们的本原或根本
原因，为了这个目的，我不考虑别的，只考
虑它们是神一手创造出来的。[6]

这就是说，其实当笛卡尔探讨万物起源时，他早已经在心
中有了答案，就是万物是由上帝创造的，并且这是唯一的
答案。

笛卡尔同样清楚地指出，他在前面证明了上帝的存在
之后，上帝之外的一切的存在包括万物的存在也就自然而
然地得到了证明：

在证明上帝的存在性的同时，我们也随
之而证明了所有这些东西。[7]

至于为什么，可以这样简要地回答：上帝为何？他乃
是创造者，是大能的，他注定不是孤独的，注定会创造万
物，所以上帝既然有了，就一定会有万物。

还有，这里的万物指的主要就是自然万物，关于它们
是由上帝创造的，这其实从笛卡尔对自然的定义中就可以
看出来。对于自然，笛卡尔是这样定义的：

自然，一般来说，我指的不是别的，而
是上帝本身，或者上帝在各造物里所建立的

秩序和安排。至于我的个别自然（本性），
我不是指别的东西，而是指上帝所给我的一
切东西的总和。[8]

笛卡尔在这里说得很清楚，自然就是万物之总和，以及万
物那些内在的规律性。所以，只要有了关于自然的这个定
义，上帝创造自然万物就不用去证明了。

当然，这是不行的，就像上帝是存在的，对于笛卡尔
而言也是自明的、不言而喻的，但他却依旧要去证明上帝
存在。

事实上，上帝的名字中就包括了存在，所以有了上帝
之名便可以说证明了其是存在的，就如当代著名的神学家
吉尔松所言：

梅瑟为了认识天主，便转向他。他问天
主的名字，而答案竟是这般直爽："我是自
有者，你要对以色列子民说，那'自有者'打
发我到你们这里来。"这里丝毫没有形而上学
的暗示，唯有天主的话，而《圣经》的《出谷
记》就从此奠下全部天主教哲学的原则。从此
便一劳永逸地明白，天主的适当名字就是"存
有本身"（Being），而且，按照圣厄弗连（St.
Ephrem）的话——其后圣伯纳文都又重新采

用——这个名字指称天主的本质，说"存有"一词指称天主的本质而不指称其他，也就是说天主的本质与存在同一，而且本质与存在只有在天主内始为同一。[9]

这里的梅瑟我们一般译为摩西，《出谷记》一般译为《出埃及记》，圣伯纳文都就是波纳文德，上面《圣经》中的引文现在一般是这样翻译的：

神对摩西说："我是自有永有的。"又说："你要对以色列人这样说：'那自有的打发我到你们这里来。'"[10]

可见，对于上帝的本质——我们可知的本质——首先就是"自有者"，即自己存在者。因此，若从这个角度讲，上帝的存在是不必证明的。但事实上依然需要证明，从奥古斯丁到托马斯·阿奎那再到波纳文德，无数神学家都在证明着。

上帝的存在如此，万物的存在也如此。一方面它是不需要证明的，但另一方面又是需要证明的。即使我们不从上帝的角度证明，也依然可以从自然的角度思考这个问题：为什么会有万物呢？万物是怎么来的？还可以站在我的角度思考，为什么会有我特别是我的身体、人的身体？它们的源头在哪里？这是一个永恒之问。

眼见为实

　　如果万物是上帝所创造的，那为什么上帝能创造万物呢？既然上帝是万能的，当然能够创造万物。

　　不过，因为笛卡尔自己作了说明，我们不妨也说几句。笛卡尔在这里并不是简单地说上帝创造万物，而是说，上帝能够创造那些我们可以清楚领会的东西。他在《第一哲学沉思集》中多次说过：

> 　　上帝创造了天和地以及在那里包含的一切东西；除此以外，他能够按照我们所领会的那样做出我们清楚领会的一切东西。[11]

他还说：

> 　　毫无疑问，凡是我能够领会得清楚、分明的东西，上帝都有能力产生出来。[12]

他又说：

> 　　这个上帝，他能够做出凡是我清楚、明

白地领会为可能的一切东西。[13]

这三段引文的含义是一样的，即上帝可以创造那些我们可以清楚地领会的东西。为什么笛卡尔不简单地说上帝创造万物而要强调上帝所创造的是我们可以清楚领会的东西呢？

这个原因就是，笛卡尔认为，自然万物都具有一个特点，就是它们都是可以清楚地领会的，这是非常清楚、明白的。

万物的这个特点是很重要的，因为它和我们一开始所提出来的那个"总则"——我们所清楚、分明领会的一切东西，本来就是按照我们所领会的那样都是真实的——是相符合的，并且是相对应的。

我们只要这样想想就明白了，倘若我们不能够清楚、明白地领会万物的存在，那么我们能够说它真实吗？当然不能，从逻辑上就可以得出这个结论来了。

所以，笛卡尔在这里实际上回到了我们在一开始证明"我思，故我在"时所得出的那个结论。其实从那个结论就可以得出万物的存在来，它的逻辑过程大致是这样的：

我们清楚、分明领会的一切东西，本来就是按照我们所领会的那样都是真实的。

我们现在能够清楚、分明地领会万物。

因此万物是真实的，即存在的。

至于为什么在当时不能一下子得出这个结论，这是因为首先必须证明上帝的存在，只有上帝存在了，才可以为一切的存在找到根基。所以为了证明万物的存在就必须先找到万物存在的根基——上帝。我们不妨将上帝的存在比作一座大厦的地基，而作为万物的存在则是上面的楼层，显然，没有这个地基就不可能有上面的楼层。或者说，在笛卡尔看来，倘若没有上帝，那么万物的存在就是无源之水、无本之木了，是不可能真实存在的。

不仅如此，笛卡尔还将这个"总则"与上帝结合起来，对万物的存在作出了证明。

在《哲学原理》之第二章《论物质事物的原理》里，笛卡尔的第一个问题就是"凭什么根据我们可以确知物质事物的存在"，其理由简言之就是：我们分明地看到了有长宽高的物质即个体之物的存在，这是非常清楚的；我们还相信是上帝将这些观念清楚地呈现在我们心中的；倘若这些事物不存在，岂不说明上帝在欺骗我们吗？上帝是不能这样做的，他说：

> 就上帝的本性来说，他既然不能欺骗我们，我们就必须毫不迟疑地晰言，一定有一种具有长、宽、高三向的对象存在，而且它一定具有我们在有广袤的事物方面所明白具有的一切特性。这个广袤的实体，就是我们

所谓物体或物质。[14]

对于这个过程，我们还可以作这样的解析：

首先，像笛卡尔在《哲学原理》第一章中所说：上帝所启示的纵然不是我们所能理解的，我们也应该完全相信它们。[15]

紧接着笛卡尔又提出了另一个观点：神不但本领大，而且还很诚实善良，也就是说，神绝对不会欺骗我们。

这句话的意思是什么呢？就是说，凡神启示我们什么，那肯定就是什么，绝对假不了。这里说的是神的诚实，与前面的神的强大是两回事。

那么这个强大而诚实的神到底给了我们什么样的启示呢？神给我们的启示就是：神令我们强烈地、清楚地相信万物的存在、世界的存在。

结合上面两步，世界当然也就存在了，对此，作为人的我们不应也没有资格存一丁点怀疑。

进一步地，笛卡尔在这里还联系到了感觉。

我们前面说过，笛卡尔不但怀疑了几何学的真理，对感觉更是大疑特疑，说它们可能只是一些幻觉而已。但现在，笛卡尔又证明了感觉其实也是可靠的，他说：

> 知道了在有关身体的合适或不合适的东西时，我的各个感官告诉我的多半是真的而不是

假的，它们差不多总是用它们之中几个来检查同一的东西以便为我服务。而且，除此之外，它们还能利用我的记忆把当前的一些认识连接到过去的认识上去，并且还能利用我的理智。因为我的理智已经发现了我的各种错误的一切原因，那么从今以后我就不必害怕我的感官最经常告诉我的那些东西是假的了。[16]

笛卡尔在这里的意思是说，感觉诚然是可能出错的，这比几何学的真理出错要容易得多，但并不妨碍我们由它可以得到正确的认识，因为我们可以凭借理智与记忆等发现各种错误。如何去凭借理智发现错误呢？就是理智与记忆等可以告诉我们哪些感觉是清楚、明白的，只有具有这样特点的感觉才是可靠的。

还有，所谓清楚、分明，换言之就是一种一致性，例如我们如何确定一朵红花是真正存在的呢？就是通过一致性了。例如我们看到了之后，可以再去摸一下，甚至闻一闻，倘若这多次的感觉都是一致的，那么这就是清楚、分明地告诉了我们这朵红花是存在的，它的真实性是不可怀疑的，就如笛卡尔所言：

如果在唤起所有的感官、我的记忆和我的理智去检查这些东西之后，这些东西之中的任何一个告诉我的都没有跟其余的那些东西所告诉我的不一致，那么我就绝不怀疑这些东西的真实性。[17]

就这样，笛卡尔在"一切从怀疑开始"中怀疑的一切东西，从万物的存在，到感觉和几何学理论，现在都得到了证明，即证明了其存在是真实的。

这一思想简言之就是：相信你们的感觉，"眼见为实"。这个成语从哲学的含义来说就是，你的眼睛所看到的东西就是实际存在着的东西。当然这里的眼见不能是匆匆一瞥，这样是看不清楚的，而是要清清楚楚地看见，就像我此刻看见眼前的电脑屏幕，看见天上有个太阳一样。这样清楚地看见、感觉到的东西就是实际存在的东西。以笛卡尔的话来说就是：那些十分清楚明白的东西是不能怀疑的。

所以笛卡尔仿佛走过了一条证明的环形道，通过这种貌似循环的证明，他证明了万物的存在。

当然，对于笛卡尔的这个证明，无疑是可以进行各种质疑的，就像关于上帝存在的其他一切证明一样。

为什么呢？因为无论上帝还是万物的存在，严格来说是不可证明的，它要么就是一个事实，要么就是一种信仰，无论何者，都不可能成为严格意义上的证明。

理解了这一点，我们也就理解了所有这一类证明的另一种本质。

注 释

1　《探求真理的指导原则》，（法）笛卡尔著，管震湖译，商务印书馆，1991 年 1 月第 1 版，第 61 页。

2　《第一哲学沉思集》，（法）笛卡尔著，庞景仁译，商务印书馆，1986 年 6 月第 1 版，第 50 页。

3　《第一哲学沉思集》，第 40—41 页。

4　《老子》，第四十章。

5　《第一哲学沉思集》，第 41 页。

6　《谈谈方法》，（法）笛卡尔著，王太庆译，商务印书馆，2000 年 11 月第 1 版，第 50 页。

7　《第一哲学沉思集》，第 170 页。

8　《第一哲学沉思集》，第 85 页。

9　《中世纪哲学精神》，（法）吉尔松著，沈清松译，上海人民出版社，2008 年 11 月第 1 版，第 57 页。

10　《圣经 · 旧约 · 出埃及记》（3:14）。

11　《第一哲学沉思集》，第 169 页。

12　《第一哲学沉思集》，第 76 页。

13　《第一哲学沉思集》，第 223 页。

14　《哲学原理》，（法）笛卡尔著，关文运译，商务印书馆，1958 年 9 月第 1 版，第 34 页。

15　《哲学原理》，第 10 页。

16　《第一哲学沉思集》，第 93 页。

17　《第一哲学沉思集》，第 94 页。

第六讲

每个人都是潜在的天才

讲完上帝的存在之后，我们来讲笛卡尔一个与上帝有关的理论，就是天赋观念论。

所谓天赋观念，简言之就是我们心中有许多的知识，这些知识是我们一出生就有了的，只是有的人知道，有的人不知道罢了。换言之，每个人都是潜在的天才，只是有的人可以发挥出来，成为真正的天才，有的人则不能发挥，不能成为真正的天才。

天赋观念论是笛卡尔一个相当重要也十分有名的理论，因此在为《谈谈方法》写的译本前言《笛卡尔生平及其哲学》中，王太庆先生说：

> 笛卡尔的天赋观念论是他的哲学的理论
> 核心。[1]

王太庆先生之所以这么认为，也许是因为天赋观念论具有一种中介作用，它将天即上帝，与观念即我们的知识联结在一起，一方面有关于他对上帝的理解，另一方面又包括了他关于知识的理论，因此具有一种承上启下的作用。

我们心中的"原始模型"

笛卡尔当然认为是有天赋观念的，他在《第一哲学沉思集》里的这一句话就是最好的说明：

> 在这些观念里边，有些我认为是与我俱
> 生的，有些是外来的，来自外界的，有些是
> 由我自己做成的和捏造的。[2]

显然，那些"与我俱生"的观念就是天赋观念了。不过这也说明了笛卡尔并不认为所有的观念都是天赋观念，不同的观念有不同的起源。具体而言，笛卡尔认为观念有三种起源：一是天赋的，二是来自外界，三是我自己后天有意制造的。他最先说了天赋观念，这说明他将这种观念看得最为重要。他在另一段话中说得很清楚：

凡是正确地注意我们的感官能够伸展到多远，并注意到我们的思维能力通过感官究竟能获得什么东西的人，应该承认事物的观念——以我们在思想中形成这些观念的样子——绝不是感官向我们呈现的。我们的观念中没有任何东西不是天赋于心中的，或不是思维的能力，除了属于经验的那些条件而外。[3]

在这里，笛卡尔似乎说了所有的观念都是天赋观念，这和上面的话是相矛盾的。实际上不是，笛卡尔在这里强调指出的是感觉的有限性，即感觉自己并不能形成观念，感觉只是形成观念的工具而已。而且，感觉在我们心中形成的观念也和感觉本身是不一样的。

这就是笛卡尔的另一个很有特色的思想了，和他对外物的认识有关。他认为我们的认识与外物本身是不一样的，特别是有些性质，如温度、声音、滋味、颜色和气味等根本不是物体的属性，只是心灵之中的观念。这种观点后来被洛克发展成为第一性的质和第二性的质观念。

这样一来就是说，我们心中那些关于物体性质的观念，都是由我们"思维的能力"所产生的了。但在这些观念中，天赋观念无疑是占据着首要位置的。所以笛卡尔在给伊丽莎白公主的一封信中就说："在我们之中有一些原始的概念，它们像是一些模型，按照它们的样式，我们形成全部其他的知识。"[4]

笛卡尔所说的就是天赋观念。在他看来，我们心中存在着一些原始的模型，人们后天得来的各种经验进入心灵后，会被这些模型加以改造，然后形成各种各样的观念。这就是知识的起源了。这些模型无疑是天生的，也是天赋观念的来源。还有，从这个角度而言，由于所有知识都经过了这些模型的加工，因此，所有知识都可以说是天赋观念。

经由上面的分析不难看出，笛卡尔天赋观念的具体内容是比较复杂的，天赋的含义也并不止一种，但笛卡尔说得最多同时也是最重要的天赋观念，当然是关于上帝存在的天赋观念。就像我们前面说过的，笛卡尔认为倘若我们不先认识到上帝，不先承认上帝的存在，那么一切就无从谈起，包括一开始的"我思，故我在"也是无本之木了。

至于为什么，当然是因为神太强大了、太"原初"了：

神是一个完满的是者，我们心里的一切都是从神那里来的。由此可见，我们的观念或看法，光从清楚分明这一点看，就是实在的、从神那里来的东西，因此就只能是真的。[5]

笛卡尔说得很清楚，我们的一切观念归根结底通通都来自神，所以都是天赋观念。

这是很好理解的，因为从根本而言，我们人也是上帝所创造的，我们的观念当然也是上帝所创造的，上帝乃是一切的根源，一切都是天——上帝——赋予的。

但这是从根本的角度而言，在具体的分析之中我们可不能这样说；若这样的话，就等于什么都不用说了，将一切推给神了事。

若从具体观念的角度去分析，笛卡尔认为有些观念是天赋的，有些则不是。具体的天赋观念中，除了上帝这个最主要的天赋观念外，就是那些公理与原则了，特别是几何学中的公理，笛卡尔认为它们也是天赋的。

我们前面谈了不少笛卡尔的天赋观念论，那么笛卡尔究竟怎么定义他的天赋观念呢？他对此有一个具体的解释：

> 当我观察到在我心中存在着某种思想，它们既不是来源于外部对象，也不是来源于意志的决定，而只是来源于在我之中的思维能力，那么我就能把那些观念或概念（它们是这些思想的形式）和其他一些外来的和虚构的思想区别开来，把前者叫作"天赋的"。[6]

在他看来，天赋观念是根据其来源定义的，即其"既不是来源于外部对象，也不是来源于意志的决定"，这里的外部对象可不是上帝，而是指外物，意志则是人自身的主观意志。在笛卡尔看来，由这二者产生的观念都不是天赋观念。只有来源于"在我之中的思维能力"的才是天赋观念。这里的核心词是思维。

这个思维对于天赋观念也具有根本性的重要意义。为什么呢？因为一切天赋观念都是来自思维的，包括上帝这个最主要的天赋观念。也就是说，倘若没有思维，我们是不会产生上帝这个天赋观念的；即使在我们心中有，我们也无法知道。要理解这一点很简单：我们只要看看周围就知道了，有多少人不是基督徒，心中也无上帝的观念。这在笛卡尔时代也是一样的，他也清楚地认识到世界上有很多人不相信上帝，是异教徒或者无神论者。在笛卡尔看来，这些人心中其实也是有上帝这个天赋观念的，只是因为他们的思维没有起作用，上帝观念才不会出现在这些人的心中。总之，思维乃是一切天赋观念产生的必要条件。

上面我们举出上帝这个天赋观念的例子，指出其虽然存在于我们心中，却并不一定可以被我们认识。这体现了笛卡尔对天赋观念的另一个基本认识，就是天赋观念并不一定要"意识到"，即我自己不一定会知道心中有这样的观念。

这是非常重要的。因为倘若不这样，笛卡尔的天赋观念论就不堪一击了，因为他说的那些天赋观念包括上帝的天赋观念，还有几何学的基本原理之类，是许多人不知道的。所以一定会被我们清楚地知道的天赋观念实际上几乎是不存在的。对此笛卡尔很清楚，所以他在讲天赋观念时，着重强调了这一点：

> 当我说，某种观念是与我俱生的，或者说它是天然地印在我们灵魂里的，我并不是指它永远出现在我们的思维里，因为，如果是那样的话，就没有任何观念；我指的仅仅是在我们自己心里有产生这种观念的功能。[7]

笛卡尔在这里说明了，倘若天赋观念必须为我们所意识到，那么就不会有任何的天赋观念，因为本来就不存在这样的观念，这是一个事实，就像世界上有许多人不承认有上帝，更不会承认自己心中有上帝的天赋观念一样！

笛卡尔还说了，他的天赋观念所指的仅仅是人心中有产生这种观念的"功能"。这个功能应该从两个角度去理解：一方面表示能力，即我们心中有产生天赋观念的能力；另一方面表示我们心中已经有这些天赋观念的"影子"，就像柏拉图认为我们心中有种种的天赋理念一样。但这两种含义都不意味着我们一定会意识到这些天赋观念。这是我们一定要清楚的，在这一方面一定不要冤枉笛卡尔，说他认为天赋观念就一定会被我们意识到。

我们可以用 20 世纪最伟大的思想家之一、精神分析学说的创立者弗洛伊德的无意识理论来理解笛卡尔的天赋观念。

所谓无意识就是那些存在于我们心中但并没有为我们的意识所意识到的意识，它乃是精神分析的基础性概念，就如思维之于笛卡尔一样。

在弗洛伊德所提出的无意识中，有些与笛卡尔的天赋观念是相似的，如弗洛伊德晚年的重要著作《摩西与一神教》中有这样的话：

> 经过深思熟虑之后，我必须承认自己已经提出主张：记忆的遗传似乎是肯定存在的，这就是指我们祖先经历过的事情的痕迹，它与我们通过交往和通过实例教育得来的影响毫无关系。[8]

这种"我们祖先经历过的事情的痕迹"就颇像笛卡尔有关上帝的天赋观念，因为这些天赋观念是从我们的祖先以来一直都有的，就像上帝的观念一样，它也是我们人一直都有的，而且它的存在同样并不一定会被我们意识到。

工匠一般的上帝

我们最后要谈的是为什么会有天赋观念，或者说天赋观念具体是怎么来的。

对于观念的起源，笛卡尔说过这样的话：

> 我们的一切观念或看法都应当有点真实的基础，因为神是十分完满、十分真实的，绝不可能把毫无真实性的观念放到我们心里来。[9]

笛卡尔在这里说明了两点：一是我们的观念是具有真实性的，即不是虚妄的；二是我们的观念是由神放进我们的心灵之中的。对于理解笛卡尔的观念，这两点都是重要的。其中第二点不用多说，第一点的重要性在于笛卡尔认为，我们的一切观念，哪怕是那些看上去很荒谬的观念，其实也并非全然荒谬，而是有一定真实性的。为什么呢？就是因为我们的一切观念归根结底是上帝赋予我们的，即天赋的。正因为如此，它就必然有着一定的真实性，因为神是大能的、至善的，他产生的观念不可能纯粹是虚妄的或荒谬的，而是一定会有其真实之处。

要理解这一点并不容易，因为它可能导致两个问题：一是某些观念即使有一定的真实性，但毕竟也有不真实性。

那么，既然神是大能且至善的，为什么要产生这些不真实的观念呢？二是真的不存在完全不真实的观念吗？

第一个问题相当复杂，涉及基督教神学中一个最古老而艰深的问题，例如，上帝既然是万能的，那么可以创造一块自己搬不动的石头吗？诸如此类。这种问题是很有意思的，也是极难回答的，直到今天也是这样。当然神学家们也作出了回答，例如中世纪最伟大的神学家之一波纳文德就说过，这是因为上帝想要如此，他也知道自己为什么要如此！[10]

基于这个简单的回答，就可以回答上面那些问题了。例如上帝是否可以创造一块自己搬不动的石头，为什么不创造一个更好的世界，等等，对此我们可以这样回答：上帝是万能的，他可以做一切的事，也知道自己为什么会做某事，但是否会做某事、怎样做此事，完全取决于上帝自身！我们人是无法干预，甚至是无法理解的！

第二个问题，即是否不存在完全不具真实性的观念。我想是的。因为任何观念，只要我们想象得出来，就一定具有某些真实性。不信的话你可以试试，看有没有毫无真实性的观念，相信是找不出来的。例如，我们可以想象出许多妖魔鬼怪，但它们一定可以在真实世界找到原形，例如长毛、有利爪、口里吐火之类。而且这个真实性是来自我们对广大物体的一贯认识的，因为广大的物体都具有形体。

通过上面的分析，我们知道了在笛卡尔看来，我们的所有观念都是上帝赋予的，并且都具有一定的真实性，这就是天赋观念最本质的起源与特征。

进一步地，笛卡尔还指出了天赋观念的另一个具体的认识者，那就是我们的灵魂，他说：

> 我甚至明确地设定：物质里并没有经院学者们所争论的那些"形式"或"性质"，其中的一切都是我们的灵魂本来就认识的，谁也不能假装不知道。[11]

这里笛卡尔也说明了天赋观念的来源，它们既是上帝所创造的，我们的灵魂又认识到了它们，这更加增添了其天赋的成分。至于前面说物质里并没有经院学者们所争论的那些"形式"或"性质"，这就关系到笛卡尔对外物的认识了。我们前面说过，笛卡尔认为温度、声音、滋味、颜色和气味等根本不是物体的性质，而只是心灵之中的观念。当然，这里又会产生一个新问题：我们的灵魂本来就认识这些观念，为什么我们自己不认识呢？这倒不难解释，因为在笛卡尔看来，我们的灵魂本来就与我们是不一样的，虽然和我们生活在一起，却是独立的，我们也是身心二元的，灵魂知晓的观念并不一定会让我们也知道。——这一点我们后面会有专门分析。

关于天赋观念的起源，也许笛卡尔在这段话中写得最为清楚而明白：

我只要去检查一下我是用什么方法取得了这个观念的。因为我不是通过感官把它接受过来的，而且它也从来不是像可感知的东西的观念那样，在可感知的东西提供或者似乎提供给我的感觉的外部器官的时候，不管我期待不期待而硬提供给我。它也不是纯粹由我的精神产生出来或虚构出来的，因为我没有能力在上面加减任何东西。因此没有别的话好说，只能说它和我自己的观念一样，是从我被创造那时起与我俱生的。

当然不应该奇怪，上帝在创造我的时候把这个观念放在我心里，就如同工匠把标记刻印在他的作品上一样。[12]

请仔细品味这一句："上帝在创造我的时候把这个观念放在我心里，就如同工匠把标记刻印在他的作品上一样。"理解了它，我们也就理解笛卡尔天赋观念论的主旨了。

反对还是赞同？

以上就是我们对笛卡尔天赋观念论的分析了，下面我们要来分析一下笛卡尔天赋观念论对后来哲学家们的影响。为什么？当然是因为笛卡尔提出的天赋观念论，对后来的哲学家们产生了巨大的影响，并且形成了对立的两派，一派支持笛卡尔，认为存在着天赋观念；另一派则相反，反对笛卡尔，否认天赋观念的存在。他们之间的争论也成了哲学史上最有名的争论之一。

我们先来看支持笛卡尔、认为有天赋观念的。这一派的人不多，最具代表性的人物是莱布尼茨。

对于笛卡尔的天赋观念论，莱布尼茨首先是赞同的，他说过：

> 我一向是并且现在仍然是赞成由笛卡尔先生所曾主张的对于上帝的天赋观念，并且因此也认为有其他一些不能来自感觉的天赋观念的。现在，我按照这个新的体系走得更远了；我甚至认为我们灵魂的一切思想和行动都是来自它自己内部，而不能是由感觉给与它的。[13]

这里莱布尼茨不但说明了他支持笛卡尔，而且表示他已经将笛卡尔的天赋观念内涵作了更广泛的拓展，例如不只笛卡尔认为的数学特别是几何学知识，而且所有的知识以及与之相关的行动，这些都是不能经由感觉得来的。

此外，对于天赋观念，莱布尼茨还强调了两点：一是天赋观念虽然存在于我们心中，但我们并不一定需要认识，也不一定会认识；二是天赋观念并不一定是清楚明白的观念，它可能只是一种模糊的观念。这两点是莱布尼茨天赋观念论的核心所在。但我们在这里就不多说了，只强调一点，就是在莱布尼茨看来，一个东西是不是天赋观念，并不要我们此时了解或记得，只要我们经由反省可以从心中发现，就可以断定这观念是反省的了。就像他在这段话中所说的：

> 斐：要是具有一个对于实体的天赋观念，将会是更有好处的；但事实是我们没有这样的观念，不论天赋的还是获得的都没有，因为不论是通过感觉还是通过反省都没有。
>
> 德：我的意见是，只要反省就足以在我们自身中发现实体的观念，我们自身就是一些实体。[14]

由此可见，在莱布尼茨看来，作为天赋观念并不要一定清楚地意识到，而只要看是不是能够经由反省或者说回忆而从心中得来就可以了。

　　莱布尼茨认为知识可以经由反省或者回忆得到，这听起来有些不可信，但事实上是可以的。伟大的柏拉图举过一个有名的例子，就是苏格拉底找来一个什么数学知识也不懂的奴隶，然后按照一贯的方式不断地盘问他。要注意：只是盘问，盘问过程中并不教给他什么知识，而只是让这个奴隶根据自己的想法来回答，苏格拉底不告诉他什么是对什么是错。但最后的结果是，这个什么也不懂的奴隶竟然自己得出了一个几何学上的关于正方形的对角线和它的两边的长度比例的定理。

　　很有意思吧？所以，我们不要以为天赋观念论是很荒谬的，它确实有某些深刻的道理。

　　此外，关于天赋观念的另一个特点，即它并不一定是清晰的，也可以是模糊的、可能的，莱布尼茨讲了一个有名的比喻——大理石之喻：

　　　　我也曾经用一块有纹路的大理石来作比喻，而不把心灵比作一块完全一色的大理石或空白的板，即哲学家们所谓 Tabuk rasa（白板）。因为如果心灵像这种空白板那样，那么真理之在我们心中，情形也就像赫尔库勒的像之在这样一块大理石里一样，这块大理石本来是刻上这个像或别的像都完全无所谓的。但是如果在这块石头里本来有些纹路，表明刻赫尔库勒的像比刻别的像更好，这块石头就会更加被决定用来刻这个像，而赫尔库勒的像就可以说是以某种方式天赋在这块石头里了，虽然也必须要加工使这些纹路显出来，和加以琢磨，使它清晰，把那些妨碍其显现的东西去掉，也就是像这样，观念和真理就作为倾向、禀赋、习性或自然的潜能天赋在我们心中，而不是作为现实天赋在我们心中的，虽然这种潜能也永远伴随着与它相应的、常常感觉不到的某种现实。[15]

莱布尼茨的这种说法是很有意思的，也好懂，在我们中国的艺术中可以找到更清楚的例子，例如玉雕。一块玉上面雕什么样的图像可不是随意的，而是要依据玉本身的颜色与纹路而定，这样雕出来的艺术品才更有趣味，也更逼真。例如台北故宫博物院的镇馆之宝"翠玉白菜"，试想，要是乱来，可能雕刻成如此美妙绝伦的翠玉白菜，还有上面可爱的小蟋蟀吗？在莱布尼茨看来，我们的人脑就像玉石一样，虽然可以用来雕各种东西，但雕什么最好是要依据玉石中原有的质地。人的心灵也是这样，虽然可以产生各种各样的知识，但究竟会产生什么样的知识，是早就在心灵之中有其特别的"纹路"的。

当然，这也就是说，在这些知识产生前，它们在心灵中的存在并不是十分清楚明白的，它们只是提供了一种可能性即"纹路"而已，要真正地产生知识，还必须依据这些纹路进行心灵的"雕刻"即沉思才成。

由上可见，莱布尼茨对天赋观念有着相当丰富的思考，比笛卡尔前进了一大步。

可惜的是，除了莱布尼茨，支持天赋观念论的人并不多。当然，也不是完全没有，例如后来著名的语言学家乔姆斯基就受到了笛卡尔天赋观念论的影响。在乔姆斯基看来，西方哲学中有一种传统，就是相信人们的心智有可理解性，他说：

> 我认为下面这种说法一般说来是正确的：心智的内容是可理解的这种看法原则上说是一种论证得相当充分的系统，它以不同形式出现于我们的学术传统的各种流派中。[16]

在持有这一观念的哲学家中，笛卡尔无疑是最重要的一位。这里的可理解性就是指我们能够理解我们心灵之中的观念。在乔姆斯基看来，这种可理解性对于语言也好，对于我们整个知识系统甚至生活本身都是非常重要的。

显然，乔姆斯基这种心智的可理解性与笛卡尔认为我们的心灵之中存在着某些自明的观念是有着本质相似性的。不过乔姆斯基同样也说明了他的可理解性与笛卡尔是有区别的，因为他并不认为心灵之中存在笛卡尔那种无可置疑的清楚、明白的观念，对此他说：

> 我的意思并不是说，对可理解性原则的表达是无保留的，而是认为可以把它看成是传统思想所趋向的一种极限。有些保留是可以发现的，在某些情况下还很严重。[17]

所以，乔姆斯基在这个方面和莱布尼茨、斯宾诺莎等一样，都一方面接受了笛卡尔的重要影响，但同时也对之有相当的保留、发展或者改造。

谈完对天赋观念论的支持之后，我们再来看对天赋观念的批判。

较之于对天赋观念论的支持，对它的批判就多得多了，甚至可以专门写一篇论文，题目就叫"西方哲学史上对笛卡尔天赋观念论的批判"。

当然我们在这里只能简单说说。

笛卡尔提出天赋观念论之后，第一个强有力的批判者当属伽桑狄。

对于笛卡尔的天赋观念，伽桑狄说过这样的话：

至于你所称之为自然的，或是你所说的与我们俱生的那些观念，我不相信有任何一种观念是属于这一类的，我甚至认为人们以这个名称称谓的一切观念似乎都是外来的。[18]

这就是说，伽桑狄认为笛卡尔所说的这些天赋观念和其他两种观念一样，都是外来的，是后天习得的。

伽桑狄还提出了一个很有力的反驳：

为什么在一个天生的盲人的心里没有任何颜色的观念，或者在一个天生的聋子的心里没有任何声音的观念，是不是因为这些外在的东西本身没有能够把它们自己的影像送到这个残疾人的心里，由于一生下来这些道路被障碍所堵塞住了而它们没有能够打通。[19]

这个反驳是很有名的，看上去也是很有力度的。确实，我们可以相信，天生的盲人应该是不会有任何颜色观念的，所以也就没有这方面的天赋观念了。

而对于笛卡尔最主要的天赋观念即上帝观念，伽桑狄也认为是后天来的，对此他说：

你怎么可能有上帝的观念，除非这个观念是像我以前所描述的那一种；你怎么可能有天使的观念，除非你事先听说过，我怀疑你会对它有过任何思想；你怎么可能有动物的观念以及其余一切事物的观念，对于那些事物，我相信你永远不会有任何观念，除非它们落于你的感官；而你对于数不尽的其余事物也永远不会有任何观念，除非你看到或听说过它们。[20]

不难看出，伽桑狄对笛卡尔的反驳主要是基于常识，很好理解，不必多言。

伽桑狄之后，帕斯卡像反对笛卡尔的其他许多理论一样，也反对笛卡尔的天赋观念论。

帕斯卡的反对和伽桑狄也相似，同样认为不存在什么天赋观念，一切观念都是后天形成的，他还将这种后天形成的具体形式都指出来了，就是习惯，即我们的一切观念都是经由后天的习惯而形成的，对此他这样说：

我们天赋的原则如其不是我们所习惯的原则，又是什么呢？而在孩子们，岂不就是他们从他们父亲的习惯那里所接受的原则，就像野兽的猎食一样吗？[21]

在帕斯卡看来，即使是关于上帝的观念也是后天的习惯形成的，而不是天生就有的，他说：

> 习惯是我们的天性。习惯于某种信仰的人就相信这种信仰，而不再惧怕地狱，也不相信别的东西。[22]

比伽桑狄与帕斯卡更有名的天赋观念论反对者是洛克。洛克的名著《人类理解论》第二章名字就叫"人心中没有天赋的原则"，其中说道：

> （原则）它们不是自然地印于人心的，因为儿童、白痴等都是不知道它们的——因为第一点，儿童和白痴分明一点亦想不到这些原则；他们既然想不到这一层，这就足以把普遍的同意消灭了。[23]

洛克在这里批评的是笛卡尔认为天赋观念是人们普遍同意的。但对于这一点其实我们前面已经说过了，笛卡尔在这里是被冤枉的，他并不认为存在着这样普遍同意的天赋观念，包括上帝存在这个最重要的天赋观念都是如此。此外笛卡尔还说过这样的话：

的确，我在专门考察别国风俗的阶段，根本没有看到什么使我确信的东西，我发现风俗习惯是五花八门的，简直同我过去所看到的那些哲学家的意见一样。[24]

这里也说明，其实笛卡尔早就认识到了并不存在洛克所说的这种普遍同意，洛克的批判乃是无的放矢。

对于笛卡尔认为"天赋观念是上帝在人心之中印入的，就像工匠打烙印一样"，洛克说：

要说理性能发现原来印入的东西，那就无异于说，理性的运用可以发现人们早已知道的东西。如果人们在运用理性以前，原来印了那些天赋的真理，可是在不能运用理性的时候，他们常常不知道那些真理，那实际上只是说，人们同时知道而又不知道它们。[25]

洛克认为，说上帝已经在人们心灵之中印入了天赋观念，但人同时又不一定知道，这是自相矛盾的。其实这里是洛克错了，因为这样的观念恰恰存在着，就是我们前面提到过的无意识。

洛克之后，欣赏洛克的伏尔泰对莱布尼茨的天赋观念论同样提出了强烈的批判，他在《哲学通信》里略带俏皮地说：

> 对于我来说，在这一问题上能跟洛克一样愚蠢，我以为这是很荣幸的。任何人永远也不能使我相信我永久在思想；我并不比洛克更倾向于想象我在成胎几个星期以后，就是非常有学问的，通晓千万事物，一生下来却都忘记了；想象我曾经在子宫里具有若干知识，毫无用处，等到我需要的时候却又都不翼而飞了，并且从此再也没有能很好地重新学会。[26]

对于最主要的天赋观念即关于上帝的天赋观念，伏尔泰也指出，我们根本没有什么关于上帝的天赋观念：

> 没有一个人生来就有关于神的知识：不管这是不是很可惜，这确实是人的实况。[27]

后来18世纪法国著名的唯物主义哲学家霍尔巴赫也反对笛卡尔的天赋观念论，例如他也认为关于上帝的观念不是先天就有的，而是后天获得的："上帝的观念是一个获得的概念，而不是一个先天的观念。"[28]

具体而言，霍尔巴赫说，这个后天的上帝观念乃是由教育而成的。由于西方人的父亲都是基督徒，于是孩子们在生下来的时候，就被施行洗礼，成为基督徒，然后从童年起就接受大量的宗教教育，教导他们上帝的存在、至善与万能之类，这样一来，人们从童年起就形成了关于上帝的观念，有了对上帝的信仰。以霍尔巴赫的话来说："上帝信仰无非是童年以来一种根深蒂固的习惯。"[29]

　　显然，霍尔巴赫的这个批判和前面洛克、伽桑狄的批判一样，表面上都是有道理的，符合常识，但这些批判正是在这里表达了批判者哲学上的缺陷，即哲学之为哲学，常常必须是脱离感觉与常识而走向思维的。甚至可以说，哲学家正是在违背常识与感觉这样的特点之上，表达出了哲学思想的深邃与哲学家的伟大。

　　也可以说，笛卡尔之所以比伽桑狄、霍尔巴赫甚至洛克伟大，正表现于此。

注　释

1　《谈谈方法》之前言《笛卡尔生平及其哲学》，（法）笛卡尔著，王太庆译，商务印书馆，2000 年 11 月第 1 版，第 17 页。
2　《第一哲学沉思集》，（法）笛卡尔著，庞景仁译，商务印书馆，1986 年 6 月第 1 版，第 37 页。
3　转引自《笛卡尔的天赋观念说》，姚鹏著，求实出版社，1986 年 5 月第 1 版，第 71 页。

4 转引自《开启理性之门》，冯俊著，广西师范大学出版社，2005 年 10 月第 1 版，第 180 页。

5 《谈谈方法》，第 32 页。

6 转引自《笛卡尔第一哲学研究》，冯俊著，中国人民大学出版社，1989 年 11 月第 1 版，第 119 页。

7 《第一哲学沉思集》，第 190—191 页。

8 《摩西与一神教》，（奥）弗洛伊德著，李展开译，生活·读书·新知三联书店，1989 年 6 月第 1 版，第 89 页。

9 《谈谈方法》，第 33 页。

10 参见《西洋哲学史》（第二卷），（英）柯普斯登著，庄雅棠译，台湾黎明文化事业有限公司，1988 年 3 月第 1 版，第 383 页。

11 《谈谈方法》，第 36 页。

12 《第一哲学沉思集》，第 52—53 页。

13 《人类理智新论》，（德）莱布尼茨著，陈修斋译，商务印书馆，1982 年 11 月第 1 版，第 36 页。

14 《人类理智新论》，第 76 页。

15 《人类理智新论》，第 6—7 页。

16 《乔姆斯基语言哲学文选》，（美）乔姆斯基著，徐烈炯等译，商务印书馆，1992 年 6 月第 1 版，第 190 页。

17 《乔姆斯基语言哲学文选》，第 188—189 页。

18 《对笛卡尔〈沉思〉的诘难》，（法）伽森狄著，庞景仁译，商务印书馆，1963 年 4 月第 1 版，第 28 页。

19 《对笛卡尔〈沉思〉的诘难》，第 31 页。

20 《对笛卡尔〈沉思〉的诘难》，第 41 页。

21 《思想录》，（法）帕斯卡著，何兆武译，商务印书馆，1985 年 11 月第 1 版，第 49 页。

22 《思想录》，第 48 页。

23 《人类理解论》（上册），（英）洛克著，关文运译，商务印书馆，1959 年 2 月第 1 版，第 7 页。

24 《谈谈方法》，第 9 页。

25 《人类理解论》（上册），第 10 页。

26 《哲学通信》，（法）伏尔泰著，高达观等译，上海人民出版社，1961 年 1

月第1版，第51—52页。

27　《形而上学论》，见《十八世纪法国哲学》，葛力著，商务印书馆，1991年6月第1版，第66页。

28　《自然的体系》（下卷），（法）霍尔巴赫著，管士滨译，商务印书馆，1977年1月第1版，第78页。

29　《健全的思想》，（法）霍尔巴赫著，王荫庭译，商务印书馆，1966年5月第1版，第35页。

第七讲
一个奇妙的平行世界

　　身心二元论是笛卡尔最重要且著名的理论之一，对后世的哲学产生了巨大影响，正如维也纳学派的领袖石里克所言：

> 　　这个问题大约从笛卡尔以来就一直占据全部形而上学的中心位置。这就是心理的和物理的、心灵和身体的关系问题。[1]

　　为什么这样呢？最明显的原因就是我们前面说过的，笛卡尔是近代西方哲学中唯心主义与唯物主义这两大流派共同的始祖，而他之所以能够拥有这样既崇高又有些怪异的地位，主要就是因为他提出了本身就有些怪异的身心二元论。

由于这个理论比较复杂，我们不妨先用简洁的语言进行整体的描述，然后再比较深入、具体地分析。

身心二元论顾名思义，就是认为物质与精神之间、身与心之间是二元的——可以简单地理解为是"两个"相互独立的"单元"，即互不相干。

前面我们说过，当笛卡尔说"我思，故我在"时，他是从"思"出发的，然后得到了"我"的存在。而他这个"我"又是个什么样的我呢？他认为，"我"是一个实体，这个实体的全部本质或本性只是思想，它并不需要任何地点而存在，也不依赖任何物质性的东西，因此这个"我"即我赖以成为我的那个心灵，是与身体完全不同的，纵使身体并不存在，心灵也仍然不失为心灵。

这样，笛卡尔把人当作了一种精神性而非物质性的存在，并视之为人的本质。

他这方面的思想后来被马勒伯朗士等人接受并加以改造，变成了彻底的唯心主义。

这个改造其实并不难，就是把笛卡尔有唯物主义可能的松果腺（详见本讲后文的解释）去掉，把神插进来，不但把神看作唯一的实体，还看作身与心的主宰。接着在身与心之间，把心提高为肉体的主宰。如此一来，二元论中唯物主义的"水分"就被榨得一干二净了。

然而，在强调我是精神性的东西时，笛卡尔又认为身体是一个完全独立运作的东西，它不依赖心灵，也不受心灵的控制，换言之，精神并不能决定物质，物质是独立自由的，这就是笛卡尔身心二元论的主要特点，这不是唯物主义思想又是什么呢？

另外，笛卡尔还有一个倾向，我们可以用黑格尔的话来表达："笛卡尔把有机体、动物看成机器，认为它们是被别的东西推动的，并不包含主动的思维原则。"[2]

黑格尔的这句话简而言之就是笛卡尔认为人是机器。这个观点对后来的唯物主义者产生了巨大影响，例如拉美特里，他就写了一部《人是机器》，在其中明确地说："人体是一架会自己发动自己的机器，一架永动机的活生生的模型"[3]，不过"比最完善的动物再多几个齿轮，再多几条弹簧，脑子和心脏的距离成比例地更接近一些"[4]，如此而已。

总而言之，笛卡尔之后，无论是唯心主义者还是唯物主义者，都从他的思想中找到了锐利的武器，而他自己也因此成了一对势不两立的哲学派别的共同父亲！

看完了这个，我们就会对笛卡尔身心二元论的核心内容及其影响有一个大致的认识了，倘若不想对之有很深入的理解，读到这里就行了。

若想有深入的了解，就请听下面分解。

身体是机器

早在1643年6月写给伊丽莎白公主的一封信中，笛卡尔就提出了三个基本概念：灵魂、肉体及二者的结合。[5]也就是说，这时候笛卡尔已经在深入思考身心关系。后来，笛卡尔在1649年出版了《论灵魂的激情》，这时候他已经快要走到人生的尽头。因此可以说，《论灵魂的激情》在某种程度上应该是笛卡尔一生思想的一种总结性表达。因为《论灵魂的激情》的主要内容就是身心关系，可以说，笛卡尔在人生的最后阶段主要就是在探索身心关系。

要理解笛卡尔的身心关系理论，我们首先要来理解一下笛卡尔是如何理解身和心的。

我们先来看身。

这里的身当然就是人的身体了，在笛卡尔看来，人的身体就是一架机器。

这种思想他在《谈谈方法》中已经说得相当清楚，例如他在书中说到心脏运动，说它是由那种"可以用眼睛在心脏里看到的器官结构"引起的，"正如时钟的运动是由钟摆和齿轮的力量、位置、形状必然引起的一样"。[6]

我们知道，人体中最重要的生理运动之一就是心脏的运动，心脏一旦停止跳动，人很快就会死亡。在笛卡尔看来，既然心脏运动是一种钟表似的机械运动，那么整个人体也就可以这样来类比，同样有如钟表。这个观点在这段话中说得最为清楚：

> 我们知道人的技巧可以做出各式各样的自动机，即自己动作的机器，用的只是几个零件，与动物身上的大量骨骼、肌肉、神经、动脉、静脉等相比，实在很少很少，所以我们把这个身体看成一台神造的机器，安排得十分巧妙，做出的动作十分惊人，人所能发明的任何机器都不能与它相比。[7]

除心脏的跳动外，在《谈谈方法》里我们还可以看到笛卡尔对人体各种详细的描述，例如血液循环，他认为在动脉的末梢上有许多细微的通道，经过这些通道，从心脏流来的血液就会进入静脉的毛细分支，再重新流向心脏，"它的行程只是一个永远不停的循环"[8]。这是对血液循环很科学的描述，和今天的认识已经相差无几。

不过，笛卡尔对人体的认识也有一些和今天大不相同，典型的就是他所谓的"元气"了。

元气是笛卡尔想象出来的一种生理现象，他这样描述元气："好像一股非常精细的风，更像一团非常纯净、非常活跃的火，不断地、大量地从心脏向大脑上升，从大脑通过神经钻进肌肉，使一切肢体运动。"[9]

不难看出来，笛卡尔所说的元气乃是身体中的一种特殊的成分或者说元素，它们就像一股风一样在人体内流动，这就是我们的身体能够运动的原因。这个说法在今天的科学看来有些荒谬，但想到笛卡尔是在三百多年前提出这个理论的，并且他不但是科学家，更是哲学家，这样说也便不足为奇了。

笛卡尔将这种元气描述得最多最深入的是《论灵魂的激情》，例如他提出，人的激情如同人的运动一样，就是由精气引起的：

> 所有别的激情的情况也大致如此，即它们基本上是由包含在大脑腔道中的动物精气所引起的。[10]

他在这里还更为具体地解释了这种精气所在的位置，认为它们位于神经之中，并且是运动的产生者：

> 人们知道所有的身体运动，就像所有的感觉都相关于身体的神经；这些神经就像一些细小的丝线，或者一些细小的管道一样，全部来自人的大脑；它们和大脑一样，当中含有一些空气或者说非常精细的微风，人们把它们命名为动物精气。[11]

笛卡尔还将运动分成两类，一类是有我们的意志参与的，另一类则没有。第二类可以看作我们今天所说的无意识动作或者本能的生理运动，如心脏的跳动等，甚至包括所有动物都有的运动，笛卡尔认为这些运动就是由精气负责完成的，"仅仅取决于我们的肢体构造以及那些被心脏的热量所激发的动物精气"[12]。

从上面这些论述中可以清楚地看到，笛卡尔是将人体看成一架机器，并且试图像描述一架机器那样去描述人体，包括各种生理功能，这已经是一种相当典型的机械论思想了。

我们还要看到，笛卡尔之所以认为人的身体就是一架机器，不仅仅是哲学推理的结果，同样是科学性的认知。因为笛卡尔不像一般哲学家，只是通过思维去了解世界，包括人体；他同时也是一个科学家，并且是一个伟大的科学家。他感兴趣的众多科学之中就包括解剖学。他曾解剖过人体并绘制了相当精美的人体解剖图，仅从图片呈现来看几乎不亚于今天专业教科书上的图示，这表明笛卡尔还有一样了不起的本事——绘画。[13]

笛卡尔连人都可以解剖，其他动物自然不在话下，例如他还解剖过兔子、狗、鳗鱼、牛，等等。他还曾经在写给朋友的信中这样说过："我很怀疑，是否还有像我这样做过如此细致观察的医生。"有一次他还说："现在，我正在解剖不同动物的头颅，希望从中发现想象和记忆等是由什么构成的。"[14]

所以，当我们理解笛卡尔的身心二元论时，一定不要只从哲学的或者纯粹思辨的角度去看，而要从实实在在的身体上去看，甚至不妨想象一下我们曾经看见过的各种动物尸体，包括人的尸体，这时候我们就会更加深刻地理解笛卡尔为什么会这么说了！

独立自由的心

我们再来看心。

对于这个心，我们首先要说的是：在笛卡尔看来，心乃是不同于身的，是独立存在的，这也是他的身心二元论的基础，甚至从某个角度上说，是他整个哲学的基础。

这样说的原因很简单，我们知道，笛卡尔的哲学是从思维出发的，而心与思维显然联系在一起，倘若他不将心独立出来，也就是不将思维独立出来，那他如何可以从思维出发呢？这样一来，他的整个哲学都将失去基础，成为无根之树、空中楼阁。

正因为笛卡尔提出了心是独立于身的，用专业哲学术语来说，他是个"心灵实在论者"。就像《笛卡尔与〈第一哲学的沉思〉》中所言：

> 笛卡尔是心灵实在论者，他是最大的心
> 灵实在论者，因为他设定独立的心灵实体。[15]

我们一定要注意，"心灵实在论者"乃是笛卡尔一个很重要的标签，对他具体的哲学身份是一个相对比较准确的描述。

那么在笛卡尔这里，灵魂、思维、心灵、精神这些概念当如何使用呢？

答案就是：这几个概念是可以混合使用的。

在为《谈谈方法》写的前言《笛卡尔生平及其哲学》中，王太庆先生说：

> 但是他把"我"这个思维者叫作灵魂或
> 心灵，认为是一种实体、最后的支持者或底子，
> 而且说灵魂比形体更清楚地被我们所认识。[16]

这里说得很清楚，在笛卡尔那里，我的思维与我的心灵的含义是一样的，又由于思维、心灵与身体是相对而言的，所以当他说灵魂比形体更清楚地为我们所认识之时，也就说明了灵魂与心灵、思维是在一起的；至于精神，就像意识一样，它与思维本来就是一体的，不好分离，这应该是我们哲学分析的一个常识了。

不过，这里要说明的是，在这四个概念之中，灵魂还

是比较独特的，具有最根本的含义。

什么是灵魂？我们人有没有灵魂？这是一个很有趣的问题，不但关系到我们每个人，而且在西方哲学中，灵魂也是最基本的概念之一，早在古希腊哲学中就有了崇高的地位，伟大的柏拉图就对灵魂有着高深甚至优美的认识。

在《斐德罗篇》中，柏拉图形象地说到了神的生活，那情景就像一幕美妙的戏剧：

> 你们瞧，众神之王宙斯驾着飞车在天上飞翔。他是诸神和精灵之主，也是众神之首，主宰和照料着万事万物。他领队出巡，众神随行，排成十一队，因为只有赫斯提留守神宫，其余列位于十二尊神的，各依指定的秩序，率领一队。[17]

接着长翅膀的灵魂就出来了，并不是只有神在过着这样的生活，还有灵魂，灵魂坐在马车上看到了到神性的一切。

而这一切是什么呢？就是知识，并且是真正的知识！

这就是说，我们的知识来自灵魂所看到的甚至经历的神的生活。

柏拉图还说，灵魂如上面那样对神的观赏并不是永恒的。因为灵魂所坐的马车上有好马也有劣马，御者也会出现某些过失，这样一来，灵魂就可能受伤，它的翅膀也会受损，甚至会折了翅膀，坠落在地面上，这时候灵魂就会与泥土结合而成为人了。在柏拉图看来，这也是一种灵魂的再生或者说托生——和我们中国传说中的灵魂托生很相似。不过柏拉图认为，这些灵魂第一次再生时，不会托生为野兽之类，而只会托生为人。由于灵魂是有区分的，它们在神性世界所获得的真理、所看到的真实存在不同，托生后就会成为不同的人。例如那些看见了大多数真实存在的灵魂进入婴儿体内后，这些婴儿注定会成长为哲学家或者诗人；有的灵魂看到的真实存在要少些，投生为人后会成为守法的国王、勇士等；还有的灵魂会投生为政治家、商人、运动员、医生、匠人、农夫等，不一而足。

所以从这个角度来说，思维是从属于灵魂的，对此笛卡尔也作过说明：

> 由于我们从不会认为身体可以以任何方式进行思考，我们就有理由相信，我们中所有种类的思维都属于灵魂。[18]

思维如此，精神与心灵当然同样如此，因为这三者的含义才是更为一致的。

虽然灵魂具有更基本的含义，但我们也要看到，在笛卡尔那里，灵魂的主要意义事实上就是思维，甚至可以说灵魂就是思维。

总之，对于笛卡尔而言，灵魂、思维、意识、精神、心灵这些概念的含义是一致的，经常可以相互替代。

互不相干的身与心

分析完身与心这两个基本概念之后，我们就要来深入地谈谈笛卡尔的身心二元论了。

身心二元论的基本含义当然是说身心是二元的，用一句成语来说就是"形同陌路"，就如笛卡尔所言：

> 在肉体的概念里边不包含任何属于精神的东西；反过来，在精神的概念里边不包含任何属于肉体的东西。[19]

这句话是身心二元论最简洁而深刻的表述，不但说明了身心二元论的基本含义，即身心之间互不相关，而且说明了它们之间不相关的最为直接的表现，就是身与心没有任何内容是相互重合的，即没有任何东西既属于身又属于心。

这样的观点看上去有些荒谬，但我们只要稍微仔细一想就会明白了。

想象一下：有没有什么东西既是物质又是意识？或者既是我们身体——肉体——的一部分，又是心灵——思维——的一部分？肯定是没有的，因为倘若有，那就是说有某样东西既是物质，又是意识，这显然不可能，至少现在我们没有发现任何这样的东西，这是一个事实。

我们不妨在这里将身心之间的关系比作数学集合论中两个集合之间的一种关系——相离。所谓相离，就是说没有任何元素是两个集合共有的，这乃是对身心关系一种形象而科学化的描述。

其实，在身心关系的哲学概念中也有一个专门的术语是用来描述这种"相离"关系的，那就是平行。笛卡尔的身心二元论于是也可以用另一个词来描述，就是"心物平行论"。

用"平行"来描述就是说：身与心就像两条相互平行的直线，虽然距离并不遥远，却保持永远不会交叉，更不会重合。

在笛卡尔看来，身心之间不但没有任何共同的元素，甚至是相互对立的。

为什么呢？这是很好理解的，因为这种对立性主要就表现在它们的具体属性上。身体是物质，具有广延[20]性，而心即思维是一种意识。因此换言之身心之间的关系就是物质与意识的关系，所以当然是相互对立的，就像唯物主义与唯心主义之间具有对立关系一样。对此梯利是这样说的：

> 精神和肉体是完全对立的。肉体的属性
> 是广袤，肉体是被动的，而精神的属性是思维，
> 精神是主动而自由的。这两种实体绝对不同：
> 精神绝对没有广袤，肉体不能思维。[21]

"肉体的属性是广袤（即广延）"就是说肉体是一种物质，"精神的属性是思维"就是说精神是一种思维、一种意识。既然这样，当然是对立的关系。

从这个角度去理解身心关系是很重要的，因为这是哲学两大主要阵营的对立点：我们如何判断身与心关系，就决定了我们的思想是属于唯物主义还是唯心主义。若认为身决定心，那么就是唯物主义，相反则是唯心主义。

正由于身心之间是没有关系甚至是相互对立的，同时在笛卡尔那里，灵魂、心灵、思维等这几个概念的含义是一致的，所以笛卡尔顺理成章地提出了一个观点，就是认为灵魂可以脱离肉体而存在。

要理解这一点很容易，我们前面说过，身心之间相互平行，没有任何交集，这不但说明它们之间没有共同的元素，而且它们之间不会相互影响，这也是身心二元论的主要含义之一。这样一来，就可以推断出它们必然可以脱离彼此而存在，否则就说明它们之间有相互依赖的关系，那

么就根本不是身心二元论，而是一元论了！

进一步地，笛卡尔认为，由于身与心之间是相互独立的，思维——灵魂——可以脱离身体而独立存在，所以身体的死亡跟灵魂其实是没有关系的：

> 死亡的到来从来不是由于灵魂的缺失，而只是由于身体的一些基本部分坏掉了，并且，我们判断一个活人的身体与一个死人的身体的区别，就如同判断一块状态良好的手表或一台别的自动的机器与已经损坏的手表或机器的区别一样。当一块手表或别的机器装备良好，并且它自身具有物理运动的原动力（正是为此它才被组装了起来），拥有一切行动的条件的时候，它就好比是我们活的身体，而当它断裂了，并且它的原动力不再起作用时，就变成了和人们死亡的身体一样的东西了。[22]

笛卡尔的这个思想是非常重要的，是对死亡的一种非常深刻的理解。

我们知道，此前人们对灵魂的一般理解就是当人的灵魂离开身体之时，人就死了，所以灵魂是否脱离肉体就直接决定了人是否可以活着。但笛卡尔通过他的身心二元论否定了这种古老的说法，认为人的肉体的死亡与灵魂一点关系也没有，肉体的死亡就像一架机器坏了，当其中的某些部件坏了后，整个机器就坏了。不难看出，这个思想与笛卡尔认为人的身体不过是一架机器是一脉相承的，也说明了笛卡尔思想的前后一致性。

其实，笛卡尔得出这个结论是必然的，因为倘若人的死亡是因为灵魂离开了肉体，那么岂不等于说人的肉体的生命要依赖于人的灵魂吗？要是这样，笛卡尔的整个身心二元论或者说心物平行论就自相矛盾、不能成立了！

笛卡尔当然是不会犯这样的错误的，也因此必然提出来人的死亡是与灵魂无关的。

为什么身与心互不相干？

上面我们分析了笛卡尔身心二元论的基本内容，即身与心不是互相联系的，而是互不相关的。

这时候，也许有人会问：为什么身心无关呢？理由何在？

这个问题就比较复杂了，要专门分析一下。

我们可以从多个角度去回答这个问题，例如可以说身体是物质、心灵是意识，当然是无关的甚至对立的。但这并没有从根本的层面解释清楚。若从根本的层面上来说，一个最好的答案也许是上帝，即上帝使得身与心之间无关甚至对立，就像《劳特利奇哲学百科全书》中所说：

> 作为笛卡尔形而上学中心的是身心之间的区分，从此开始心与身之间就被清楚而彻底地分隔开来了，上帝能够一个一个地分别创造它们，因而它们是完全不同的东西。[23]

这就是说，上帝分别创造了身体与心灵，所以它们本来就是完全不同的东西，这没什么奇怪的。

这样说不难理解，但还有一个问题，就是根据我们的常识，身心是结合在一起的，例如我的心可以命令我的身去做这做那，就像此刻我的手正在打字，身体自己会打吗？当然不会，它又不会思维，乃是心——思维——叫它打的，是心在命令它！所以笛卡尔说身与心互不相干，是不是不尊重常识呢？

对于这样的质疑，笛卡尔也给予了回应。他说，我们之所以想当然地认为身心是结合在一起的，是因为我们有这样的坏习惯，而且这个习惯人类古已有之，对于每个人而言也是久已有之。虽然如此，但这仍是一个坏习惯，就像抽烟是坏习惯一样。

正因为坏习惯养成已久，不好改变，所谓"积习难改"，因此要改变这个习惯是很不容易的，需要一次一次地、长时间地行动，"以便把精神的东西和物体的东西混为一谈的习惯（这种习惯是在我们心里扎根一辈子的）"[24] 抹掉。这也像抽烟一样，想要改变这个坏习惯，需要长时间地、不断地努力。

至于怎样改掉这个把身心混为一谈的坏习惯，笛卡尔也提出了具体办法，就是要努力依靠我们的心去想象身与心之间是可以分离的，只要我们努力地去想象、去领会，就可以使我们明白身与心是可以分离的，也应该分离。

那么又怎样去想象、领会呢？笛卡尔在《第一哲学沉思集》中这样说：

> 实在说来，我从来没有看见过，也没有了解过人的肉体能思维，而且看到并且了解到同一的人们，他们既有思维，同时也有肉体。而且，我认识到这是由于思维的实体和物体性的实体组合到一起而造成的。因为，单独考虑思维的实体时，我一点都没有看到它能够属于物体，而在物体的本性里，当我单独考虑它时，我一点没有找到什么东西是能够属于思维的。[25]

这段话所表达的含义就是我们要通过思考与想象去领会身与心之间乃是分离的。

为了理解笛卡尔，我们现在不妨按照他所说的做这样的事：闭上双眼，然后仔细地想象我们的身体，看它是不是一个完全独立的个体，是不是与心完全不同。

我相信这是可以的，因为身与心本来就根本不同，一个是意识，一个是物质；一个无形无影、看不见摸不着，一个有形有影、看得见摸得着。

这样一来，我们就会领会到身与心之间没有任何东西是相互重合的，即我们找不到任何东西既属于心又属于身，因为这是不可能的，就像找不到什么东西既是物质又是意识一样。这时候，我们就可以"把肉体清楚地领会为一个完全的东西，用不着任何一种属于精神的东西"[26]。

这样一来，我们将可以领会到：身心之间本来就是互不相干的，就像两个相离的集合、两条平行线一样，永远没有相聚、相交的一天！

我们不难想象，笛卡尔正是通过这样的沉思才领会到了身心是二元的，是互不相干甚至相互对立的。甚至可以说，我们平常所想当然地认为的"身体与心灵是一体的"乃是错误的，只是一种错觉或者幻觉而已。

此外，笛卡尔还从另一个很有意思的角度分析了身体与心灵的不同。

我们知道，人的肉体是可以分成不同部分的，例如可以分成头部、躯干与四肢，甚至可以砍掉一部分——如一只手或者一只脚——而人依然活着，但灵魂就不一样了，灵魂乃是一个不可分的整体，如笛卡尔所说：

> 我们把一切物体都领会为是可分的，而
> 精神或人的灵魂只能被领会为是不可分的，
> 因为，事实上我们决不能领会半个灵魂，而
> 我们却能够领会哪怕是最小的物体中的半个
> 物体，因此物体和精神在性质上不仅不同，
> 甚至在某种情况下相反。[27]

这就是说，即使是最小的物体也可以再分，即物体是无限可分的，就像庄子所说的："一尺之棰，日取其半，万世不竭。"[28] 但灵魂就不一样了，灵魂是不可分的，哪怕分出一半也不成。

笛卡尔还说，精神与肉体之间这种不可分与可分的差异是首要的：

> 我首先看出精神和肉体有很大差别，这
> 个差别在于，就其性质来说，肉体永远是可
> 分的，而精神完全是不可分的。[29]

他认为这个区分极为重要，因为仅仅从这一点就"足以告诉我人的精神或灵魂是和肉体完全不同的"。

前面我们谈了要将身心分开，也许有人会问：为什么呢？有必要这样做吗？

笛卡尔的回答是有必要。他认为，正因为身心是可以分离的，互不相干，才意味着我们的精神是可以独立行动的，根本不需要肉体的帮忙：

> 精神可以不依靠大脑而行动，因为，毫无疑问，当问题在于做一种纯智力活动时，大脑一点用处也没有，只有在感觉或想象的时候，它才有用处。[30]

这个说法看上去有些怪异，智力活动不是在大脑中进行的吗？怎么说大脑对智力活动或者说精神活动一点用处也没有呢？

答案在于，笛卡尔所指的大脑乃是脑袋即头部，它当然也是身体的一部分。在笛卡尔看来，这个头也是与思维活动无关的，这可以说是从他前面的那些理论所必然得出来的结论，原因很简单：人的脑袋也只是身体的一部分，就这个角度而言，它当然是与心即思维完全无关的。

还有，笛卡尔在这里也说明了，人的脑袋对于感觉与想象是有作用的。这又是什么意思呢？笛卡尔在这里实际上是将纯粹的思维与感觉和想象区分开来了。在他看来，感觉与想象是与脑袋相关的，而思维则不是这样的，即存在着一种纯粹的独立之思维——这就是身心中的"心"了。感觉与想象则是一种具体的活动，它们并不是纯粹之思，而是要依靠身体的，例如眼睛就是这样的感觉器官，人想要有视觉仅仅有头脑是不行的，还得有感觉器官，这是不难理解的。

但我们一定要注意，从这个意义上说，身与心又是相关甚至不可分离的，这我们后面马上会还说到。

水乳交融的身心

我们前面讲了笛卡尔的身心二元论，它的核心就是认为身心之间是无关甚至是相互对立的，不但可以分开，而且应当分开，甚至必须分开。因为不分开会导致许多的问题，分开则可以有种种的好处。

但是，这是不是说明笛卡尔认为身心之间真的是无关的，真的是完全相互对立的呢？

笛卡尔说，不是这样的！

为什么呢？归根结底还是因为那个常识：我们明明看到身心是不可分离的，是合为一体的。笛卡尔是尊重常识的人。虽然他认为身心之间是无关的甚至对立的，但那只是就理论而言，是从纯粹哲学的角度去分析的。实际上，对于我们每一个人或者说活着的人，身心又是结合在一起的，是不可分离的，甚至是融为一体的！

这个观点笛卡尔在《第一哲学沉思集》中说得很清楚："精神在实质上是同肉体结合在一起的。"[31]

此外，在《论灵魂的激情》中他也说道：

> 我们完全不能说灵魂是存在于身体的某
> 个部分而不是别的部分中，因为身体就是一
> 个整体，并且以某种方式是不可分的。[32]

看到了吧，笛卡尔清楚地认识到了，虽然身心之间是
互不相干甚至相互对立的，但它们事实上又是结合在一起
的，是不可分离的。它们是一个整体，是一种水乳交融的
关系，是不可能分割开来的，它们共同构成了整体的人。

此外，在《谈谈方法》里，他还指出，灵魂与身体之
间的关系并不是像舵手驾驶船舶一样：

> 理性灵魂，……我们不能光说它住在人
> 的身体里面，就像舵手住在船上似的，否则
> 就不能使身体上的肢体运动，那是不够的，
> 它必须更加紧密地与身体联成一气，才能在
> 运动以外还有同我们一样的感情和欲望，这
> 才构成一个真正的人。[33]

这里的理性灵魂实际上就是灵魂，因为灵魂是一个整体，
理性灵魂的意思就是说灵魂是理性的，因为灵魂也是一种
纯粹之思，是一种理性的思维，所以是理性的。

笛卡尔的这个否定性比喻是很重要的，因为许多人正有这样一种错觉，认为灵魂是身体的指挥者，它生活在身体里正像我们住在屋子里一样，笛卡尔认为这恰恰是错误的。因为身心之间不是这样的貌似结合而实际上分离的关系，而是实实在在地融为一体，不是如舵手与船儿，而是如清水与牛奶的混合，是水乳交融、融为一体的关系。

笛卡尔在《第一哲学沉思集》里同样提到了舵手与船这个比喻，说得更清楚：

> 自然也用疼、饿、渴等感觉告诉我，我不仅住在我的肉体里，就像一个舵手住在他的船上一样，而且除此而外，我和它非常紧密地连结在一起，融合、掺混得像一个整体一样地同它结合在一起。[34]

笛卡尔在这里是从生活的实例去说明为什么身与心要结合得那么紧密，例如当我们的身体有各种感觉如口渴或者肚饿之时，我们的心马上就会有知觉，二者之间可谓配合得天衣无缝，因此身心或者说灵魂与肉体也结合得天衣无缝。

笛卡尔还分析了身心是如何水乳交融的。他认为精神在肉体里铺开，是"整个地在整体里，整个地住在每一个部分里"[35]。这就是一种水乳交融的关系。

笛卡尔还认为，倘若我们想理解身心之间的这种结合，一条佳径是了解激情。因为激情是在灵魂中的，但同时又是一种身体上的行动，它将身与心牢牢地结合在一起。

这里必须得说明，身心结合归结合，但笛卡尔也明说，这并不会影响到身心关系本质上仍是二元的，即身心之间是互不相干甚至相互对立的，尤其是我们的精神乃是一个完整而独立的实体。对此他说：

> （精神与肉体）这种实质的结合并不妨碍
> 我们能够对于单独的精神有一个清楚、分明的
> 观念或概念，认为它是一个完全的东西。[36]

这个观点才是笛卡尔关于身心关系之理论根本，当我们分析身心结合的时候，一定不要忘了这一点！

为什么这样呢？道理当然很简单：虽然身心结合在一起，但毕竟是两种不同东西之间的结合，结合可并不说明二者就是一样的东西。

神奇的松果腺

我们上面说，身心既是分离的，又是结合的，并且它们之间的结合是两个本质不同的对象间的结合。

这时候，可以自然而然地问这样一个问题：既然身与心是两个本质相异的东西，它们怎么能够结合在一起呢？

它们又是怎样结合到一起的？

现在我们就要来回答这个极为重要的问题了，笛卡尔也正是在这里提到了他的身心二元论中那个最著名的东西——松果腺。

笛卡尔认为，身心是通过松果腺结合在一起的。

在《第一哲学沉思集》中，笛卡尔提出了这样的说法：

> 精神并不直接受到肉体各个部分的感染，它仅仅从大脑或者甚至大脑的一个最小的部分之一，即行使他们称为"共同感官"这种功能的那一部分受到感染，每当那一部分以同样方式感受时，就使精神感觉到同一的东西。[37]

在这里，笛卡尔说明了精神主要是通过大脑中某一个很小的部分与整个身体沟通的，他称之为"共同感官"，即身与心在这里有着共同的感觉，而感觉来自这个"共同感官"。

这就是说，笛卡尔认为在人的头脑之中有一个小小的部分，它可能是某种器官，身与心正是由之而结合起来、产生各种身心效应的，例如当我们的脚被刺了时，就会感到疼痛。

到了《论灵魂的激情》那里，他就说得更清楚了，他说这个器官乃是一个"腺体"：

在大脑当中有一个小腺体，灵魂在那里要比在别的部位更特别地发挥着它的作用。[38]

在后面，他更清楚地描述了这个小腺体：

那个灵魂即时地实施其功能的身体部分既不是心脏，也不是整个大脑，而仅仅是大脑中最深处的一个部位，一个非常小的腺体，这个腺体位于大脑实体的正中央，悬挂在一个导管的上方。[39]

不用说，这个腺体就是著名的松果腺了！

笛卡尔说，正是这个松果腺使得本来是互不相干甚至相互对立的身与心水乳交融、融为一体了！

笛卡尔在后面还解释了他为什么认为有这样一个松果腺，并且是位于大脑的正中央而不是其他位置。他说，那是因为除了大脑正中央外，大脑甚至身体其余地方的器官都是成双成对的，例如我们有两只眼睛、两只手、两只耳朵，这些都是感觉的器官。我们的这些感觉器官都是成双的，也就是说我们在感觉之时实际上是同时得到了两个感觉。例如当我们看见一朵红花时，我们实际上是看了两次、看到了两朵。但与此同时，我们却只产生了一个相应的视觉，即只看到了一朵红花。这样一来，就必须有某个地方，在那里，来自我们两只眼睛的两个影像会重合为一，而且要在到达灵魂之前就完成这样的重合，因为到达我们的灵魂后就形成视觉了，而我们的视觉可是只看到一朵红花而不是两朵。于是，笛卡尔经过沉思就想到了，在我们的大脑的正中央一定有某个小器官——一个小腺体，它能够将由眼睛得来的两个影像合而为一，此后再把它传往灵魂，这样一来，我们的灵魂就只形成一个视觉影像，只看到一朵红花了。[40]

还有，他认为灵魂主要就是生活在这个小腺体里的，在这里，它通过我们前面说过的身体中的精气，还有神经与血液等影响全身。

笛卡尔认为，我们对外物的感觉就是这么形成的，因为我们的灵魂可以通过这腺体——松果腺——接受各种各样的运动，如视觉、听觉、触觉，等等。这些都是我们的感官产生的印象，当这些印象经由松果腺到达我们的灵魂之时，灵魂马上就会产生各种感觉了，例如看到一朵红花或者感觉到疼痛就是这么形成的。总之，"有什么样的运动达到这个腺体，它就有什么样的知觉"[41]。

他还具体地举了一个视觉形成的例子，例如我们看到某个动物朝我们走来，这个动物身体就会反光，这些光传送到我们的眼睛里后，就会形成两个相关的影像，并通过视神经这个中介在"大脑正面对着这些凹面性视神经的内表层上形成了两个不同的影像"，然后影像往松果腺传去，松果腺周围是充满了"精气"的，这些影像就向这个由动物精气包围的小腺体发射过来。到达松果腺之后，这两个影像就变成了唯一的关于这个动物的影像，这一影像马上会影响到灵魂，于是灵魂就让我们"看到了这个动物的形象"[42]。

看到了吧，通过这种方式，不但感觉形成了，原来互不相干甚至相互对立的身与心就这么相互影响，甚至融为一体了！

至此，笛卡尔就解决了他的身心二元论中存在的矛盾。

不能不说，这是一个了不起的解决方案！是笛卡尔伟大的哲学创造！

笛卡尔的这个松果腺从科学的角度看当然是想象出来的，因为人体中并没有一个这样的器官有笛卡尔所说的那些功能。

不过，人体中确实有一个器官叫松果腺（Pineal gland）。它是位于脊椎动物颅脑中的一个小腺体。人脑中当然也有，不过它的体积极小，看上去是略带红色的灰白色，约有一颗稻粒那么大。它的主要功能是制造褪黑素，这是一种可以对醒睡模式与昼夜节律功能进行调节的激素。由于它的形状像是一颗小松果，所以被称为松果腺。它的位置倒和笛卡尔想象的一样，位于大脑中央、两个大脑半球之间的中心地带。

人类松果腺中还含有大量的"脑沙"，这是一种沙砾状的物质，可能和老化有关，松果腺还可以控制人的醒睡模式和昼夜节律，这些都是与时间有关的。由此产生了一门前沿学科，叫时间生物学（chronobiology），或者叫生物钟学，它所研究的就是生物体内那些与时间有关的周期性现象，以及这些现象的时间机制。

我们可以想象，倘若这门学科得到深入发展，将对人类未来产生巨大的影响，例如可以通过制造某种药物控制我们的睡眠，甚至延缓我们的衰老。长生不老不是人类古老而执着的追求吗！基于松果腺研究的时间生物学或许可以帮上大忙。

注　释

1　《普通认识论》，（德）M.石里克著，李步楼译，商务印书馆，2005年11月第1版，第350页。

2　《哲学史讲演录》（第四卷），（德）黑格尔著，贺麟、王太庆译，商务印书馆，1978年12月第1版，第92页。

3　《人是机器》，（法）拉美特里著，顾寿观译，商务印书馆，1959年9月第1版，第20页。

4　《人是机器》，第52页。

5　参见《笛卡尔》，（英）汤姆森著，王军译，中华书局，2002年7月第1版，第121页。

6　《谈谈方法》，（法）笛卡尔著，王太庆译，商务印书馆，2000年11月第1版，第40页。

7　《谈谈方法》，第 44 页。

8　《谈谈方法》，第 41 页。

9　《谈谈方法》，第 43 页。

10　《论灵魂的激情》，（法）笛卡尔著，贾江鸿译，商务印书馆，2013 年 10 月第 1 版，第 30 页。

11　《论灵魂的激情》，第 7—8 页。

12　参见《论灵魂的激情》，第 16 页。

13　参见《笛卡尔的骨头：信仰与理性冲突简史》，（美）萧拉瑟著，曾誉铭、余彬译，上海三联书店，2012 年 9 月第 1 版，第 26 页。

14　《笛卡尔的骨头：信仰与理性冲突简史》，第 46 页。

15　《笛卡尔与〈第一哲学的沉思〉》，（美）哈特费尔德，尚新建译，广西师范大学出版社，2007 年 8 月第 1 版，第 340 页。

16　《谈谈方法》之前言《笛卡尔生平及其哲学》，第 13—14 页。

17　《斐德罗篇》，《柏拉图全集》（二），王晓朝译，商务印书馆，2003 年 4 月第 1 版，第 161 页。

18　《论灵魂的激情》，第 4 页。

19　《第一哲学沉思集》，（法）笛卡尔著，庞景仁译，商务印书馆，1986 年 6 月第 1 版，第 228。

20　广延即物体能够占有一定体积的特性，又被译为"广袤"。

21　《西方哲学史》，（美）梯利著，葛力译，商务印书馆，1995 年 7 月第 1 版，第 315 页。

22　《论灵魂的激情》，第 5—6 页。

23　*Routledge Encyclopedia of Philosophy*，Versionl. 0，London and New York：Routledge（1998），V3, p. 1.

24　《第一哲学沉思集》，第 135 页。

25　《第一哲学沉思集》，第 427 页。

26　《第一哲学沉思集》，第 227 页。

27　《第一哲学沉思集》，第 11 页。

28　《庄子·天下》。

29　《第一哲学沉思集》，第 90 页。

30　《第一哲学沉思集》，第 361 页。

31　《第一哲学沉思集》，第 231 页。

32　《论灵魂的激情》，第 25 页。

33　《谈谈方法》，第 46—47 页。

34　《第一哲学沉思集》，第 85 页。

35　《第一哲学沉思集》，第 425 页。

36　《第一哲学沉思集》，第 231 页。

37　《第一哲学沉思集》，第 90—91 页。

38　《论灵魂的激情》，第 25 页。

39　《论灵魂的激情》，第 26 页。

40　参见《论灵魂的激情》，第 26—27 页。

41　《论灵魂的激情》，第 28 页。

42　参见《论灵魂的激情》，第 29 页。

第八讲

谁因为没有当上中国皇帝而懊恼？

我们前面说过，笛卡尔认为在获得知识与真理的过程中，方法很重要，要找到一种新的方法，用这个新方法去求得新知识与真理。他还进一步指出，这条道路的核心与目的就是要找到第一原因，起点则是一切从怀疑开始。

虽然这些也是笛卡尔追求知识的方法，但这些分析实际上并不是为了获得知识本身，而是要为整个笛卡尔哲学找到一个起点，这个起点就是一切从怀疑开始，此后通过怀疑就会找到"我思，故我在"这个第一原因，即从思维出发去构建整个的笛卡尔哲学。

现在这个任务已经完成了，但还有一个任务并没有完成，就是如何获得具体的知识和真理。这个目的已经不是找到整个笛卡尔哲学的那个切入点了，而是我们当如何获得真理或者知识本身。

现在我们就来讲这个问题。

对简单事物的直观

具体的知识与真理从哪里来？笛卡尔的回答很简单，首先当然是从广阔的世界中来，更具体地说是要从探讨这个广阔世界的具体事物中来，是要"面对事物本身"，去追求知识。例如当我们要获得关于一朵红花的知识时，就得面对这朵红花本身，就这么简单。

当然这只是一个最简单的原则，接着笛卡尔就提出了另一个基本的原则，就是在了解事物以获得知识的过程中一定要注意秩序，要从最简单的、最容易了解的事物入手。对此他简明扼要地说：

> 我探求认识事物的时候，下定决心坚决按照一定的秩序进行，那就是，永远从最简单、最容易的事物入手。[1]

他还说，我们要经常地这样做、不断地这样做，经常、不断地从最简单的事物入手去认识，以形成这样的习惯：

应该把心灵的目光全部转向十分细小而且极为容易的事物，长久加以审视，使我们最终习惯于清清楚楚、一目了然地直观事物。[2]

形成习惯的好处是很明显的：形成了习惯后，当我们想认识任何事物之时，都会自然而然地从最简单的事物入手，为整个认识打下最可靠的基础。

笛卡尔还看到，简单的事物毕竟是很少的，大部分事物都比较复杂，于是他说，即使我们面对的是复杂的事物，也要先将复杂的事物简单化，然后再从简单的事物入手开始研究，再步步推进："要从错综复杂事物中区别出最简单的事物，然后予以有秩序的研究。"[3]

这些话都很好懂，对于我们了解笛卡尔是如何探讨真理、获得知识极为重要，理解了这些，就为我们下面的进一步分析打下了相当牢固的基础。

笛卡尔也正是在这样的基础之上开始了他的真理之探讨。

从最简单的事物入手之后，问题马上来了，就是要怎样认识这些简单的事物呢？

笛卡尔说，通过直观或者说直觉去认识，即认识事物的第一步就是要直观事物本身，如我们上面刚刚引用过的话，要"一目了然地直观事物"，这也是求得所有具体知识的起点。

作为知识起点的直观当然是极重要的。既然直观这么重要，我们当然要先解释一下究竟什么是笛卡尔的直观。

对于什么是直观，笛卡尔曾作过这样的解释：

> 我用直观一词，指的不是感觉的易变表象，也不是进行虚假组合的想象所产生的错误判断，而是纯净而专注的心灵的构想，这种构想容易而且独特，使我们不致对我们所领悟的事物产生任何怀疑；换句话说，意思也一样，即纯净而专注的心灵中产生于唯一的光芒——理性的光芒——的不容置疑的构想，这种构想由于更单纯而比演绎本身更为确实无疑……人人都能用心灵来直观（以下各道命题）：他存在，他思想，三角形仅以三直线为界，圆周仅在一个平面之上，诸如此类，其数量远远超过大多数人通常注意所及。[4]

此外，在《探求真理的指导原则》的附录里，译者也解释了直观：

> 直观，原文作 intueri（动名词），或 intuitio（名词，拉丁文原意为"直觉"），那么，动词可译为"以直觉察看"或"以直

觉察知"。[5]

　　直观的这两个解释都不难懂，实际上和我们日常生活中对直观的了解是相似的，大意就是一种直接的、不依赖于任何理性思考的直接的"观看"。例如我们看到一朵红花，我觉得这是一朵红花，或者这朵花是红的，或者它是存在着的，不是幻觉，这些都是直观。这直观中的"观"，表明我们从直观获得的知识大都是通过眼睛的"观看"获得的，这也是直观的一个重要特点。

　　为什么呢？当然因为"看"是我们认识事物最主要的方式，我们所获得的知识绝大部分是通过观看或者说视觉得来的，观看即视觉乃是知识最主要的基础。

　　视觉是我们获得知识最主要的途径，这既是一个常识，也是有着科学根据的。据说实验心理学家赤瑞特拉曾做过一个心理实验，以证明人类所获信息的主要来源。他通过大量的实验证实：人类获取的信息或者说知识，有 83% 来自视觉、11% 来自听觉、3.5% 来自嗅觉、1.5% 来自触觉、1% 来自味觉。也就是说有 80% 以上即绝大部分来自视觉。这个实验做起来有点麻烦，其结论却大致是可信的，我们凭自己的直觉就可以知道，我们所知的一切，的确绝大部分通过视觉而来。甚至于通过视觉所获得的知识也是最可靠的，就如中国的成语所说"眼见为实"，也就是说眼睛看到了的才是最真实的。

还有，现代科学对视知觉有一整套的心理学研究，即格式塔心理学，它大致的结论就是：人们的观看是由眼脑共同作用的，而且并不是一开始就将一个对象区分为各个单一的组成部分，而是将各个部分组合起来，使之成为一个统一体。这种思想也是有着哲学基础的，康德的"统觉"指的就是这个：当我们看一个事物如一朵红花的时候，并不是先看到它的花蕊花瓣等，而是先看到它的整体，即一朵整体的红花。

即使一个结构复杂的对象，眼睛也会通过视觉试图将它简化，把各个单位加以组合，使之成为一个易于知觉的整体对象。如果视觉做不到这一点，对象的整体形象在我们看来将是无序与混乱的，从而无法正确认识。

总之，在笛卡尔看来，直观乃是获得知识一个最基本的途径，它必然会与"观看"即视觉联系在一起，即是"直观"而不是"直听"或者"直嗅"。

还有，笛卡尔认为，通过直观获得的可不是简单的知识，例如"看到一朵红花"获得的知识，不仅仅是"这朵花是红的"，还可以获得更为复杂的知识。笛卡尔也举过例子，如三角形仅以三直线为界，意思就是说三角形是三条直线为边界围成的图形，这当然可以通过直观而得到。为什么呢？因为一"看"就明白了，根本不用分析，也不用动脑子。所以，这个"一看就明白了"就是"直观"最简单而明白的含义。最典型者就是我们前面提过的欧几里得的公设，如给定两点可连接一线段、直线可无限延长、等等，和笛卡尔在这里举的例子很相似，都是几何学的例子，也是一看就明白其真理性的例子。

笛卡尔认为这样的直观方法是大有好处的，因为它虽然简单，却可以使我们对事物有全面而准确的认识，他说：

> 直观之所以那样明显而且确定，不是因为它单单陈述，而是因为它能够全面通观。[6]

我们也知道，直观的对象总是简单的，因此这也带来了另一个好处，就是我们"无须花很大力气去认识这些简单物"，我们只要"以心灵的目光"逐一地对这些简单之物加以注视，力求得到清晰的直观就可以了。[7]

典型的例子还是欧氏几何简单的公设，如"给定两点，可连接一线段"等，都是很简单直观的，但复杂的欧几里得几何学大厦就是从这样的简单的公理出发建立起来的。

当然，真的要获得全部的几何学知识，仅仅有直观是不够的，还要有演绎，这我们下面再说。

演绎与相对论

所谓演绎就是要在直观所得到的公设的基础上进行推理。笛卡尔认为，直观与演绎相结合就是获得真知的全部方法，舍此别无他法。对此他说：

> 关于打算考察的对象，应该要求的不是某些别人的看法，也不是我们自己的推测，而是我们能够从中清楚而明显地直观出什么，或者说，从中确定无疑地演绎出什么；因为，要获得真知，是没有其他办法的。[8]

所以下面我们应当讲获得真知的另一个方法——演绎了。

演绎的基本方式是三段论，其中最重要的是大前提，因为这是能够演绎的第一个基础，此前通过直觉而得来的结果恰恰在这里可以作为演绎的大前提。

笛卡尔曾经批判过三段论，但他批判的只是中世纪经院哲学中的三段论，他认为这样的三段论是不能够获得真理的。对于三段论本身或者其从属于的演绎法，笛卡尔可是不会批判的，相反，这是他主要的探求真理的方法呢！就像柯普斯登所言：

> 虽然他（笛卡尔——引者注）确实让实

验在我们的科学的世界知识之发展中担任一个角色，又虽然他承认我们没有感官经验之帮助就事实上不能发现新的特殊的真理，但他的理想仍然是纯粹演绎。[9]

这里的意思是说，笛卡尔虽然也承认科学实验与感觉经验等对于发现新知识的重要性，但他最为重视的发现新知识的理想方法依然是演绎，就像笛卡尔自己所言：

凡属直接得自起始原理的命题，我们可以肯定说：随着予以考察的方式各异，获知这些命题，有些是通过直观，有些则通过演绎；然而，起始原理本身则仅仅通过直观而得知，相反，较远的推论是仅仅通过演绎而获得。这两条道路是获得真知的最确实可靠的途径。[10]

笛卡尔在这里指出了两条可靠的认识之路，一条是直观，另一条就是演绎。他认为那些比较复杂的推论都必须靠演绎得来。这也是当然的，直观毕竟只能直观到简单的认识。而这就说明实际上我们的大部分认识都是通过演绎得来的，因为这些认识都是比较复杂的，无法通过直观得来，必须在直观的基础之上通过演绎才能达成。

我们不妨将认识事物的演绎也就是推理过程看成一个三段论，这里的大前提就是通过直观而得来的，此后所得到的认识就必须通过大量的演绎得来了。笛卡尔对此有清楚的说明，他在谈到如何使用演绎的方法时说：

> 演绎的方法：我们指的是从某些已经确知的事物中必定推演出的一切。我们提出这一点是完全必要的，因为有许多事物虽然自身并不明显，也为我们所确定地知道，只要它们是经由思维一目了然地分别直观每一事物这样一个持续而丝毫也不间断的运动，从已知真实原理中演绎出来的。这就好比我们知道一长串链条的下一环是紧扣在上一环上的，纵使我们并没有以一次直观就把链条赖以紧密联结的所有中间环节统统收入眼中，只要我们已经相继一一直观了所有环节，而且还记得从头到尾每一个环节都是上下紧扣的（就可以演绎得知）。[11]

笛卡尔在这里所表达的意思是，只要我们有直观得来的可靠基础，就可以根据演绎的原则，一环紧扣着一环地推论出有关这个事物的一切认识。而且这个演绎是必要的，因为"有许多事物自身并不明显"，也就是不能够通过直观得到认识，因此就必须得有演绎了。

我们又知道，逻辑学中有两类基本方法，一是演绎，二是归纳，比笛卡尔略早的弗朗西斯·培根是最重归纳的，他的研究方法主要就是归纳法，他相当轻视演绎。但笛卡尔则相反，他重视演绎，相对而言就比较轻视归纳了。不过我们也要说说归纳。

归纳法的内容是很简单的，这里就不多说了，简言之就是从一些现象之中总结出对事物的规律性认识。

在笛卡尔看来，归纳只是一种辅助性的工具，就是当所要探讨的内容比较复杂，不能通过直观或者悟性一下子认识时，就要用归纳将要研究的对象——列举出来，然后对每一个部分都进行判断，最后再得到另一个总的单独的判断。而下这个总判断之时，当然还是得依靠直观或者演绎，归纳法只是其中一个辅助性的环节而已。

还有，笛卡尔也说明了，他的归纳法实际上只是一种列举法，而且是——列举，也就是完全归纳法。对于这样的列举，笛卡尔认为它对获得真知也是"必需的"：

　　要完成真知，列举是必需的，因为，其他准则固然有助于解决许多问题，但是，只有借助于列举，才能够在运用心智的任何问题上，始终作出真实而确定无疑的判断，丝毫也不遗漏任何东西，而且看来对于整体多少有些认识。[12]

这里的列举可以理解为举实例。笛卡尔的意思是说，我们要获得真理性的知识，这个知识就必须是能够正确地解释世界的。那么如何能够确定其是否正确地解释了世界呢？那就要举实例了，即有关具体事物的例子，例如我们如何能够知道牛顿的自由落体定律是真理呢？当然必须通过实例证明，比如在真空管里用不同质量的物体作自由落体实验。

显然，培根与笛卡尔分别代表了两种不同的认识方法。培根代表了归纳法。培根之所以重视归纳法，是因为他深切地发现，以前的哲学家们虽然提出了一大堆命题，可它们中许多概念是雾里看花、朦朦胧胧，使得整个的论证失去了证明的力量，就像一座大厦因为使用了伪劣的原材料而脆弱了一样。他曾说过这样的话：

> 三段论式为命题所组成，命题为字所组成，而字则是概念的符号。所以假如概念本身（这是这事情的根子）是混乱的，以及是过于草率地从事实抽出来的，那么其上层建筑物就不可能坚固。所以我们的唯一希望乃在一个真正的归纳法。[13]

与培根相反，笛卡尔代表了演绎法。他的这个演绎法正是奠基于直观与三段论之上的。

两人之中哪个更正确呢？一般来看似乎培根是正确的，因为科学研究中的确很少采用演绎法，一般都是归纳法，尤其是科学归纳法。但孙卫民教授指出，到了20世纪，这种局面已经改变了，笛卡尔的方法重新占了上风，至少在某些领域是如此。他说：

> 20世纪初的科学革命导致了一批无法从经验中直接归纳的理论（例如相对论和量子理论），结果是杰出科学家如爱因斯坦和彭加莱等大力维护从基本原则或假设出发的科学方法。从这个角度上说，笛卡尔是最后的胜利者。[14]

这个说法是符合事实的，因为量子力学和爱因斯坦的相对论的确都不是从归纳法得来的，而是首先基于一种科学的假设，然后在假设的基础上建立了理论的体系，最后再加以验证。如广义相对论是这样来的：爱因斯坦先提出假设——这种假设可以说来自一种天才式的直观，然后以此为基础建立了相对论的理论体系，并且提出了三大预言：水星近日点的进动；从大质量的星球射到地球上的光线，其谱线会产生红移；强大的引力场会引起经过它的光线的弯曲。最后这些预言得到了验证，于是相对论得到了广泛的承认。

不难看出，爱因斯坦发现相对论的方法是笛卡尔式的，它的简单过程就是：直观——演绎——验证。这与此前传统的牛顿式科学研究方法大不相同。

所以，在这场科学方法的争论之中，至少从某个角度上说笛卡尔是最终的胜利者，而相对论的发现过程也大致符合了笛卡尔所说的知识与真理的发现过程。

有用也有限的感觉

上面我们从逻辑的角度探讨了笛卡尔是如何探求知识与真理的，下面我们还要再从实践的角度继续探讨。

所谓实践的角度就是我们探究知识时的具体行为，即我们平常所说的感觉、知觉、理性等，这些都是比逻辑更为具体的认识方法，或者说，它们才是认识活动本身。

在笛卡尔这里，知觉的内容是很广泛的，除了我们后面要说的意志之外的一切认识或思想都是知觉，想象、感觉和记忆都应算在其内。

在《哲学原理》里，笛卡尔还指出人是只在头脑中进行知觉的：

心灵之从事知觉，并不在于身体的各部

分，只是在于脑中，因为外界各种物体在刺激了神经所在的身体的各部分以后，其所发生的各种动作都借神经的运动传到脑中。[15]

这和我们前面说过的身心二元论中的松果腺是相关联的，不妨这样理解：知觉也是一种心灵的认识活动，是一种思维，而这当然要通过松果腺来进行，松果腺是位于头脑内的，因此知觉当然只在头脑中进行。

不过，在组成知觉的想象、感觉和记忆等这些成分之中，现在要挑出其中一种来单独说一说，这就是感觉。

这样做的理由很简单。一方面，感觉是一切认识行为之中我们最熟悉的；另一方面，它也在哲学史中占有重要地位，从古希腊到中世纪，直到近代甚至现代，哲学家们对感觉都有大量的分析，笛卡尔也不例外。

至于笛卡尔怎样看待感觉，我们在前面讲一切从怀疑开始时已经说过了：笛卡尔首先怀疑的就是感觉。但这是不是说明他不重视感觉呢？当然不是！笛卡尔之所以要怀疑感觉，就像他的一切从怀疑开始本身并不是怀疑主义一样，只是为一切的认识提供一个最初的出发之点，找到第一原因。实际上，笛卡尔对感觉本身是相当重视的，就如王太庆先生所言：

笛卡尔从来没有要求完全否定感觉，正

好相反，他是科学家，一辈子从事科学实验，在许多科学部门中都有重大贡献，并不是空想家，天天躺在床上猜测。他只是认为感觉经验有片面性，单凭感觉得不到普遍的科学真理。必须更上一层楼，在全面的理性指导下批判地总结才行。[16]

这段话的意思简言之就是，笛卡尔不可能完全否定感觉，就像他不可能否定归纳法一样，只是重视的程度不同而已。

此外，笛卡尔虽然在一切从怀疑开始时大大地怀疑了感觉，但那只是一种理想性的怀疑，而非实际的怀疑。在实际的认识活动中，笛卡尔认为感觉在大多数情形之下是真实的。即使感觉发生了错误，理智也不难察觉，因此我们也就无须害怕自己的感觉会犯错。因为即使它犯了错，我们也不会上当。对此他说：

知道了有关身体的合适或不合适的东西时，我的各个感官告诉我的多半是真的而不是假的，它们差不多总是用它们之中几个来检查同一的东西以便为我服务。而且，除此之外，它们还能利用我的记忆把当前的一些认识连接到过去的认识上去，并且还能利用我的理智。因为我的理智已经发现了我的各种错误的一切原因，那么从今以后我就不必害怕我的感官最经常告诉我们的那些东西是假的了。[17]

这样的分析大体是基于常识的，容易了解。举个例子吧，如我看到墙壁上有一个斑点，那也许是只蜘蛛。要纠正这个错误是很容易的，走近再仔细看看就可以了。又如水中的棍子看上去是弯的，辨明它究竟是不是弯的很容易，拔起来看看就是了。总之，至少一般而论，纠正感觉的错误是相当容易的。所以笛卡尔怀疑感觉实际上只是基于理论的需要，而不是实际上不相信感觉，这是我们一定要弄清楚的。

不过，与此同时，我们也不要忘记了，就认识活动的整体而言，笛卡尔对感觉是不大重视的，关键在于他认为感觉并不能让我们真实地认识事物，或者说认识事物的本质，就像他在《哲学原理》中所说的一样："感官的知觉并不能使我们了解事物的真相。"[18]

这里的真相当理解为本质，或者至少是对事物深刻的认识。笛卡尔认为，仅仅凭感觉是不能获得这样的认识的。这也是成立的。

爱因斯坦的相对论很好地验证了笛卡尔认为感觉不可靠这个观点。

相对论有一个基本假设就是"光速不变原理"，即光对任何参照系，例如列车或者列车外的树林，其速度是完全一样的。更进一步说，无论那个参照系的运动状态如何，光速对于任何参照系都是一样的。电磁波——包括光——的主要特点之一是运动速度非常快，达到每秒钟约 30 万公里，一般简称为"c"。当它代替我们坐在列车上时，会出现什么样的情形呢？是不是仍然会像我们人坐在列车上一样，当列车以每秒 100 公里的速度运动，那么，相对于列车，光速度就是 30 万公里，而相对于列车外的树林，光速就是（30 万 +100）公里呢？

答案是否定的。

光速不变这个假设现在已经不是假设，它早已经被迈克尔-逊莫雷实验证明。它证明了光无论在哪个方向，相对于什么参照系，其速度始终如一。更进一步的研究还表明，光与其频率、光源的运动状态等均无关，其速度无论在什么情况下都是恒定的。

看得出来，这与我们的日常经验或者说感觉是大相违背的，而且听起来简直荒谬：例如在日常经验之中，我坐在以时速 100 公里前进的列车上，然后我在列车上以每小时 10 公里的速度往列车前进的方向跑，我不但相对于列车的速度是每小时 10 公里，相对于列车外的树林的速度仍然是每小时 10 公里，那不是岂有此理吗！

然而，这是真的，狭义相对论之特殊意义就在于它提出了一个与人们的日常经验或者说感觉完全不同的理论，却又被众多科学实验证明是正确的。

也因此，倘若我们想了解狭义相对论，就要彻底打破以前的旧观念，树立新观念。

实际上，狭义相对论所要打破的何止这个旧观念！在随之而来的结论里，它进一步将千年以来人类对时间、体积、质量的概念通通打破，指出它们都是相对的，都与运动的速度相关。

同样是在《哲学原理》里，笛卡尔还对感觉进行了比较仔细的研究，例如他说人的神经可以分成七种，它们都和感觉相关，其中两种属于内在感觉、五种属于外在感觉，后面还分别简单分析了五种外在感觉，即视觉、触觉等。关于内在感觉，他是这样说的：

> 内在的感觉，也就是人心的感受（情感）和自然的嗜欲。[19]

显然，笛卡尔的内在感觉就是我们一般所指的情感与欲望，这也是我们下面马上要讲述的内容。

谁因为没有当上中国皇帝而懊恼

我们上面说到，笛卡尔的内在感觉就是我们一般所指的情感与欲望，笛卡尔又将这种情感与欲望称为意志，并且认为它也是一种很重要的认识活动。

关于意志，笛卡尔将它分为两种类型：

> 我们的意志有两种类型，其中的一种灵魂的行动是在灵魂自身中完成的，比如当我们希望爱上帝或通常把我们的思维运用于某些非物质的对象上的时候，就是这样。另外一种是那些需要在我们的身体上完成的灵魂行动，比如，只是我们意愿要散步，我们的腿就会移动，我们也就会行进了。[20]

这里的意志明显就是意愿，笛卡尔在这里又将灵魂与意志结合在一起，这是与他的身心二元论相关的。在前一种意志里，只是在思维之内完成的意志，不需要涉及身体的活动，例如我们的爱上帝，就是在心灵之中的爱而已，或者我们想象一只九头鸟，它也只要通过思维来完成。

在《论灵魂的激情》里笛卡尔还具体地分析了这种意志的一些功用，例如他说当人的灵魂想要回忆某个事物的时候，这就是一种意志，这时候他就要使松果腺通过不断地转向不同的方向，把人体中那种"动物精气"推向大脑的各个不同区域，直到它们到达那个我们想要回忆的事物在大脑中遗留下来的印迹所在的区域为止。[21]

在这里我们不妨将笛卡尔的这种回忆比作一个手电筒，当我们要在黑暗中寻找什么东西的时候，就会用它来照向我们的周围，直到照亮我们想要寻找的东西所在的区域为止。

显然，这个回忆的意志是第一类意志，可以在头脑中完成。至于第二类意志，笛卡尔举例说：

> 当人们想要行走或以别的方式驱动自己的身体时，这种意志就会使这个小腺体把动物精气推向那些可使得这些身体行动起来的肌肉上。[22]

这里还是得依靠松果腺，当我们想要运动肢体的时候，意志驱动松果腺将我们体内的动物精气推向那些我们想要它动作的肌肉上面，这时候相应部分的身体，例如手指脚趾，就会有与意志相应的动作了。

现在我们再来看笛卡尔的意志有什么样的特点。

意志的第一个特点是自由，这一点笛卡尔说得很清楚："意志的本性就是自由，它从不会被限制。"[23]

他甚至说："我们意志的自由是自明的。"[24]

这样的自由几乎类似于我们今天的政治权利意义上的自由了。事实上，笛卡尔正是这样认为的，我们的意志自由会赋予我们天然的权利，只要我们保持坚强，好好地保有这些权利，我们就不但是自由的，而且是自己的主人：

> 只要我们不会因为自己的软弱而丧失了自由意志赋予我们的权利，我们就可以成为我们自己的主人，这就会使我们看起来与上帝有些类似。[25]

笛卡尔这番话有两重的意思，一方面是说，我们的自由意志可能丧失，例如当我们比较软弱的时候，这时候，随着自由意志丧失的就是从自由而来的各种权利了；另一方面则说，倘若我们坚强起来，拒绝软弱，我们也就拥有了意志自由，从而也拥有了由自由意志而来的各种权利。倘若我们做到了这一点，从某个角度而言我们甚至和上帝一样伟大崇高了！

我想，这番话直到今天都是很有意义的，值得我们好好玩味，所以黑格尔说，笛卡尔这样的观念是"完全正确的"：

> 笛卡尔也讨论到思维的另一方面；他谈了人的自由。他这样证明自由：灵魂是思维的，

意志是不受限制的，这就构成了人的完满性。

这是完全正确的。[26]

这里的意志的不受限制当然就是意志的自由了，换言之就是我们每个人都拥有自由意志，正是由于我们人拥有了这样的自由意志，我们才拥有了完满的人性。

在笛卡尔那里，意志的第二个特点是，意志对于所有人都是平等的。

对此，笛卡尔也说得很清楚："只有在意志方面，一切人都有平等的天赋能力。"[27]

笛卡尔在这里说只有在意志方面所有人都是平等的，言下之意就是在其他方面人就不平等了。这当然是的，例如在智力方面。这样说吧，所有人都想要钱、想要知识，这样的意志是平等的。但各人之间挣钱与学得知识的本事可是不一样的，这主要就是因为他们之间智力的不平等。

在笛卡尔那里，意志的第三个特点比较特别：意志乃是错误的来源。他对此说得很清楚："我们决非有意要犯错误，可是我们的错误仍由意志而来。"[28]

意志为什么容易犯错误呢？笛卡尔说，这是因为意志的领域比理智要大得多、广得多，而我们却没有对意志进行限制，使之局限在理智能够做到的领域，反而将之无限扩展，一直到了我们理解不到的东西上。这样一来错误就发生了。

还是举例说明吧。人的意志或者说意愿、欲望可以说是无穷无尽的，例如我此刻想要了解太阳的核心，想知道那里有什么样的物质，请问我的理智——这里的理智就相当于智力或者说理解力——做得到吗？当然做不到。就像我现在想要掌握所有的知识，我的智力根本做不到一样。但我这样的意志并不会因此而收敛，而是可能坚持自己的欲求。这样的结果就是臆测了。例如古人想知道月亮上究竟有什么，但那时候他们的理解力还难以做到，又不愿意收手，结果就是臆测了，想象出许多的神话故事，如中国人认为月亮是和大地差不多样子的，上面也有宫殿——广寒宫，宫里住着寂寞的美女嫦娥和一只兔子。西方的哲人们，他们同样不能正确地认识月亮或太阳，但也不放弃这个意志，结果也是臆测了，如阿那克萨戈拉认为太阳的大小和希腊的伯罗奔尼撒差不多大，后期希腊哲学家伊壁鸠鲁更认为太阳和我们见到的一样大，也就是一个篮球大小。相当荒谬吧！这就是人的意志超越理智去认识事物的结果，就是错误。

甚至于在某些情形之下，例如当涉及善与恶之时，倘若意志同样不收敛，而是执意而为，就真的有可能不但犯错，甚至会犯罪了。

所以，笛卡尔在《哲学原理》里说："意志较理解的范围为大，这就是我们错误的来源。"[29]

笛卡尔进一步指出，正因为我们有着自由的意志，而意志又容易犯错误，所以意志在人身上也有着两面性：

> 人的主要的完美之点，就在于他能借意
> 志自由行动，他之所以应受赞美，或应受惩责，
> 其原因也在于此。[30]

人因为拥有自由意志与意志自由，既要受到赞美，又要受到责备甚至惩罚。

这道理当然是好懂的，只要看上面所举的具体例子就可以了。在此不妨再举一个：有一天我站在马路边，看到一个老人家倒在马路上，我要不要去扶呢？我的意志要我去扶，哪怕因此蒙受损失甚至不白之冤——被误以为老人家是我撞倒的——也要去。这时候，我就因为拥有这样的自由意志而应当受到赞美。但倘若相反，我因为种种原因不理老人，自顾自走了，这同样是我的自由意志，但我这时候就要因为这样的自由意志而受到责备甚至惩罚，因为这也是一种见死不救呢！

那么，我们要怎样做才不至于因意志自由而受到惩责呢？《谈谈方法》中的这段话也许可以提供帮助：

> 我的意志所能要求的，本来只是我的理
> 智认为大致可以办到的事情，如果我们把身
> 外之物一律看成由不得我们自己作主的东西，

> 那么，在平白无故地被削除封邑的时候，就
> 决不会因为丧失那份应当分封给我这位贵族
> 的采地而懊恼，就像不会因为没有当上中国
> 皇帝或墨西哥国王而懊恼一样。[31]

笛卡尔在这里举了一个贵族的例子，他被无缘无故地剥夺了封地，按常理来说应当为此懊恼，但他可以看开一点，将自己的封地看成身外之物，是不依其意志为转移的，认为得之不足悲、失之不足喜。只要做到了这一点，当封地被剥夺之时，他就不会因此而懊恼了，更不会因此而犯什么错了。

笛卡尔在这里还谈到了中国，据我所知这也是笛卡尔唯一一次谈到中国。

笛卡尔所说的很深刻，也很有道理，大可以用于我们每个人的生活。

还有，我们不难发现，笛卡尔所想出来的使意志不犯错误的方式其实就是约束它，只让它意愿那些可以做到或者可以控制之事与物，只要做不到的，就不管它，一律认为其理所应当或者没什么大不了。

倘若人的意志真的能够如此，那么人真的就彻底自由了！

关于这个，我们的老子也作过很好的类似的分析，例如他说过这样两句：

> 故知足不辱、知止不殆，可以长久。

> 咎莫大于欲得，祸莫大于不知足，故知
> 足之足，常足矣。[33]

老子言语所表达的意思和笛卡尔是一样的，就是要限制我们的意志自由，不要让它变得贪婪，而要懂得知足，要满足于自己拥有的一切东西，对于自己无法拥有的或者拥有后又失去的一切都抱着淡然的态度，这样一来，人就不会因为任何的失去而懊恼了，他的人生也就不会灰暗了。

其实，孔夫子所言的"七十而从心所欲，不逾矩"[34]也是同样的含义。为什么人能从心所欲而不逾越规矩？就是因为他心中将自己的自由意志与规矩完美地结合在一起，根本就不想做任何不合规矩的事，这样一来，他当然是自由的，因为他可做任何他想做的事——这诚然是自由的最高境界。

老子与孔夫子在这里所表达的也正是笛卡尔自己的人生哲学。例如在《谈谈方法》里，笛卡尔曾经给自己定了三条行为准则，其中第三条是这样的：

> 永远只求克服自己，不求克服命运，只
> 求改变自己的愿望，不求改变世间的秩序。
> 总之，要始终相信：除了我们自己的思想以外，

没有一样事情可以完全由我们作主。[35]

不难看出，这里所表达的是一种十分达观的人生态度。我相信，倘若人有了这样的人生态度，一定可以享受充分的意志自由，决不会因为自由意志而受到惩责。

只是要真的做到估计很难！就是笛卡尔和老子、孔夫子恐怕也难以完全做到吧！

关于意志自由我们最后要说的一点是，笛卡尔认为仅仅使意志不犯错误是很不够的，意志还当为我们认识事物、获得真理提供切实的帮助。不过，笛卡尔认为这时候意志就需要有悟性的帮助了。

在认识中笛卡尔是很重视悟性的，所谓悟性就是一种直觉性的领悟，笛卡尔认为可以依靠它而得到真理。现在悟性又来指导意志了。悟性当然有这样的能力，首先因为悟性本身是一种直观，并且是一种领悟——因为直观到了真理才是一种悟。这样一来，将悟性与意志结合就等于给意志指明了一个通向真理而不是谬误的方向，这对于意志诚然是很有意义的。因为意志有巨大力量，只是有时候比较盲目而已，就像一个大力士不去干活，而是到处乱闯，倘若有人给他指明了方向，让他好好干活，他一定可以大有作为。

我们的认识活动正是这样，倘若意志能够听从悟性的指导，它就能够走上正确的认识之路。这样一来，自然可以得到真知。倘若我们是有不错的认识能力的人，结果很可能令我们喜出望外。

以上我们从知觉与意志入手，讲完了笛卡尔认为应当怎样认识才能获得真知、避免错误，这就是笛卡尔认识论的主体内容了。

关于获得真理我们要说的最后一点也许就是上帝了，不过这其实是不必要说的，因为对于笛卡尔而言，最权威的、最要相信的永远是上帝。

与此相应的，笛卡尔告诉我们，当我们认识世界之时，切忌盲目自大，以为可以认识世界的本质，或者了解上帝的本质，这些都是太过自负的狂妄之举，是一定要避免的：

> 我们留心不要自负太过。我们既不会根据自然的理性或神圣的启示，确信世界有界限存在，则我们如果以为自己的思想力可以超出于上帝实际所造的事物以外，而给世界立了一些界限，那就似乎自负太过了。我们如果以为上帝创造一切事物是专门为了我们，或者以为只是我们的智力才能了解上帝创世时所怀的本旨，那就更其自负太过了。[36]

在这里可以将界限理解为本质，世界的界限也就是世界的本质。笛卡尔这样的说法是很重要的。在我看来，我们每个人都要仔细地聆听笛卡尔的这句话。而这句话也表达出了我们对世界的一切认识的另一种本质，这个本质包括两个特点：

一是不要以为自己的认识是绝对正确的。

二是不要以为自己可以认识世界的本质。

我相信一个人越是认识，越是思考，就越会发现笛卡尔的这种观点乃是金玉之言！

这就是笛卡尔的认识论了！我们越咀嚼、越理解，就越会领会笛卡尔的伟大，甚至可以说，我们只有领会了笛卡尔的认识论，才可能正确地理解世界。

注 释

1 《探求真理的指导原则》，（法）笛卡尔著，管震湖译，商务印书馆，1991 年 1 月第 1 版，第 19 页。

2 《探求真理的指导原则》，第 42 页。

3 《探求真理的指导原则》，第 23 页。

4 《探求真理的指导原则》，第 10 页。

5 《探求真理的指导原则》，第 107 页。

6 《探求真理的指导原则》，第 10 页。

7 《探求真理的指导原则》，第 64 页。

8 《探求真理的指导原则》，第 8 页。

9 《西洋哲学史》（第四卷），（英）柯普斯登著，邝锦伦、陈明福译，台湾黎明文化事业股份有限公司，1990 年 6 月第 1 版，第 93 页。

10 《探求真理的指导原则》，第 11 页。

11 《探求真理的指导原则》，第 11 页。

12 《探求真理的指导原则》，第 30 页。

13 《新工具》，（英）培根著，许宝骙译，商务印书馆，1984 年 10 月第 1 版，第 11 页。

14 《笛卡尔——近代哲学之父》，孙卫民著，九州出版社，2013 年 1 月第 1 版，第 243 页。

15 《哲学原理》，（法）笛卡尔著，关文运译，商务印书馆，1958 年 9 月第 1 版，第 53 页。

16 《谈谈方法》之前言《笛卡尔生平及其哲学》，商务印书馆，2000 年 11 月第 1 版，第 11 页。

17 《第一哲学沉思集》，（法）笛卡尔著，庞景仁译，商务印书馆，1986 年 6 月第 1 版，第 93 页。

18 《哲学原理》，第 35 页。

19 《哲学原理》，第 50 页。

20 《论灵魂的激情》，（法）笛卡尔著，贾江鸿译，商务印书馆，2013 年 10 月第 1 版，第 17 页。

21 参见《论灵魂的激情》，第 33 页。

22 《论灵魂的激情》，第 34 页。

23 《哲学原理》，第 15 页。

24 《哲学原理》，第 15 页。

25 《论灵魂的激情》，第 121 页。

26 《哲学史讲演录》（第四卷），（德）黑格尔著，贺麟、王太庆译，商务印书馆，1978 年 12 月第 1 版，第 92 页。

27 《哲学原理》，1958 年 9 月第 1 版之献辞，第 23 页。

28 《哲学原理》，第 16 页。

29 《哲学原理》，第 13 页。

30 《哲学原理》，第 14 页。

31 《谈谈方法》，第 21 页。

32 《圣经·新约全书·马太福音》，5:39。

33 《老子》，第四十四章、第四十六章。

34 《论语·为政第二》。

35 《谈谈方法》，第 21 页。

36 《哲学原理》，第 47 页。

第九讲

终极的黑暗

讲完了笛卡尔的认识论之后，我们要来讲笛卡尔对两个具体的特殊对象的认识。

这两个特殊对象就是神与物。

这两个对象是几乎任何重要哲学家都要沉思与述说的，因为一切的哲学主要就是对这两个对象的分析：要么是神，要么是物，要么是神与物结合在一起——世界。

一般哲学家只研究其中之一，只有少数哲学家同时研究这二者，而在这二者的研究之中都取得了伟大成就的就更少了。在我看来，古往今来的西方哲学家当中，同时研究这二者并且取得了伟大成就的主要是三位——柏拉图、亚里士多德与笛卡尔。

当然从某种程度上来说康德也是，但康德的神不是真正的神，就像斯宾诺莎的也不是，因为他们并不相信神的存在，或者说他们所信仰的神与柏拉图、亚里士多德和笛卡尔的神不一样：后三位的神是鲜活的、富有强大生命力的，前两位的神则不是，他们的神处于一种若有若无、若存若亡的虚实之间。

现在我们就来看笛卡尔如何理解神与物。

前面我们已经说过笛卡尔是如何证明上帝与万物之存在的，因此我们这里所要讨论的不再是上帝与万物之存在，而是存在已经被证明之后，再如何理解神与万物具有什么样的性质与特征。

本讲我们先来讲笛卡尔对神的理解。

上帝创造了罪恶吗？

罗素曾说过，笛卡尔"是个虔诚的天主教徒"[1]。

那么，作为一个虔诚的基督徒，笛卡尔是怎样理解神的呢？他的神又具有什么样的特点？

有些特点是不言而喻的，例如在笛卡尔看来，上帝的一个特性当然是整个世界、万物的创造者，这也是作为一个基督徒首先要承认的。关于作为创造者的上帝，笛卡尔在《哲学原理》中的这句话表述得最为清楚：

我们在思考上帝这个与生俱来的观念时，我们就看到，他是永恒全知、全能的，是一切真和善的泉源，是一切事物的制造者。[2]

上帝是世界的创造者，当然也是包括他笛卡尔在内的一切人的创造者，就像笛卡尔所说的："我们不是自己的原因，只有上帝是我们的原因。"[3]

这样的说法是很好懂的，不需要多说，我们继续往下看。

笛卡尔认为，上帝虽然是万物的创造者，但却不是罪的创造者，对此他说了这样一番相当深刻的话：

他（上帝——引者注）的意志作用和理解作用也不像我们一样，要借助各种分别的动作，他是借单一的、一律的、最简单的动作来理解、意欲并促动一切实际存在的事物的。他并不希望发生罪恶，因为罪恶只是存在的否定。[4]

笛卡尔的这个思想是非常重要的，不但对笛卡尔重要，对整个神学都很重要。

为什么呢？因为当我们说上帝是万物的创造者之时，将会面临一个很大的问题：倘若如此，那上帝是不是罪恶的创造者呢？要知道这个世界上有各种各样的罪恶，例如战争、屠杀、强奸、抢劫，这些是不是上帝所创造的呢？倘若说不是，那么上帝就不是万能的创造者了；倘若是，那么上帝就不是至善的了，因为他创造了罪恶。

这样的质疑显然是有力的。这个问题也一直是神学中一个很重要的主题，许多重要的哲学家与神学家都给出了自己的回答。例如新柏拉图主义大师、古希腊罗马时代最后一个重要哲学家普罗克洛就认为罪恶其实只是一种"缺陷"，因为物质是从太一所产生的一个最低等级的东西，它分有的作为善之本体的太一的善自然是最少的，这也使得它难免会有这样那样的缺陷，于是就产生了恶。

第一个伟大的神学家奥古斯丁也像普罗克洛一样认为恶是一种缺乏，即善的缺乏，他说：

> 我们称为恶的东西，除了是善的缺乏外，
> 还是什么呢？在动物的躯体里，疾病和伤口
> 只不过意味着健康的缺乏。[5]

奥古斯丁在这里将动物生病与恶的产生作了类比，生病就是意味着健康的缺乏，生病是恶，健康是善，缺乏健康就是恶，即恶是善的缺乏。

笛卡尔也同样认为，上帝既不是罪恶的原因，也不是我们错误的原因，对此他说：

这里我们所应当考察的上帝的第一种品德，就是，他是绝对真实不妄的，而且是一切光明的泉源。因此，要说他会欺骗我们，或者完全是使我们陷于自己所能意识到的那些错误的原因，那分明是矛盾的说法。因为欺人之技，在人类中间虽可以表示人心的巧妙，可是那种欺人的意向，无疑是由恶意、恐惧或怯懦来的，因此，它是不能委诸上帝的。[6]

在这里，笛卡尔说上帝的"第一种品德"就是真实，也因此上帝是不可能欺骗我们的，也不会使我们陷入错误之中。那么我们为什么会犯错误呢？那是因为人自己是有缺点的，尤其是品德上的缺点，如恶意、恐惧或怯懦，这些才是人的错误的来源。

除了这个来源，笛卡尔还指出了我们错误的另一个来源，就是我们能力的有限性，正是这种有限性使我们不但不能完整地理解事物，而且容易犯错误，对此他说：

我们的错误不能委诸上帝。上帝虽然没有给我们一个全知的理解，我们却万不能因此就说他是我们错误的造成者，因为被创造的智力其本性就是有限的，而有限的智力其本性就是不能把握一切事物的。[7]

不难看出，这两个错误的原因之中，前一个是故意的，即人因为各种邪恶品质而故意犯错与犯罪，后一个则是非故意的，是因为人的能力有限，难免出错。用两个成语来说明："指鹿为马"这种错是故意的，是人类的怯懦与虚伪所致；但"杯弓蛇影"却不是的，它是人类认识能力有限而导致的无心之错。

自然规律是怎样产生的？

上帝创造了万物，除了这些具体之物外，笛卡尔认为上帝还创造了另外一样非具体之物，和具体之物一样重要，那就是自然的规律。他在《谈谈方法》中说：

> 我不仅找到窍门在很短的时间内满意地弄清了哲学上经常讨论的一切主要难题，而且摸出了若干规律，它们是由神牢牢地树立在自然界的，神又把它们的概念深深地印在我们的灵魂里面。所以我们经过充分反省之后就会毫不犹疑地相信，世界上的万事万物无不严格遵守这些规律。[8]

笛卡尔在这里表达了三层意思：一是上帝创造了自然规律；

二是上帝还将这种自然规律嵌入我们的思维或者说灵魂之中，这就是我们能够认识自然规律的根本原因；三是万物都严格地遵照这些自然规律而存在、运行。这三层意思都好懂，不必解说。

在这些自然规律之中，笛卡尔还指出了一种最明显的规律——力学的规律，说它是由上帝所创造，并且置于自然之中的。在给梅尔森的一封信中，笛卡尔这样说：

> 动物的神经、血管、骨头和其他组成部分的众多和秩序，并不表明大自然不足以形成它们，只要我们假定大自然作用于一切，依据的是力学的精确规律，而这些规律是上帝加之于大自然的。[9]

在笛卡尔看来，上帝创造了永恒的真理即自然规律，就像一个君王在他的国家里制定了法律一样。

上帝创造自然规律，这不难理解。倘若有人问：为什么上帝要创造这些自然规律呢？对于这个问题，要说难很难，因为我们不可能真的知道上帝为何这么做；但要说容易也容易，那是因为自然规律实际上表达着一种不变性、稳定性与有序性，这当然是上帝所乐见的，因为上帝自身就是如此，因此梯利在谈到笛卡尔的这个思想时，说：

因为上帝是不变的，物体世界的一切变化必然遵循恒常的规律或自然律。[10]

关于上帝的创造，笛卡尔还有一个观点也是很有意思的，就是他认为上帝在创造之先已经预先知晓了一切：

上帝的权力是无限的；他不但可以凭其权力永远知道现在或未来，而且他可以意欲它或注定它。[11]

笛卡尔还说："我们还确乎知道，上帝预先规定了一切。"[12]

笛卡尔对这个思想只是简单地表述了一下，但实际上这是有着重要意义的，它是对上帝创造万物之特点的一种极为重要的理解，对后来的哲学家也产生了巨大影响。例如莱布尼茨对于上帝创造万物的一个著名论断就是前定和谐说，其思想的源头可以直指笛卡尔的这一思想。

上帝有些什么特点

以上我们分析了上帝创造了什么，但对上帝本身究竟是什么样的还没有说，这当然是必须要说一说的。

对于笛卡尔而言，上帝当然是永恒完美的、至善的，他说：

> 我们在思考上帝这个与生俱来的观念时，我们就看到，他是永恒全知、全能的，是一切真和善的泉源，是一切事物的制造者，而且他所具有的无限完美的品德（或善），分明是毫无缺点的。[13]

这段话在我看来是笛卡尔对上帝最充分的描述了，短短的一段话，不但说明了上帝是万物的创造者，还说明了我们关于上帝的观念是天赋的，即"与生俱来的"——这就是我们前面说过的笛卡尔的天赋观念了。此外还描述了上帝的几个属性，如永恒、全知、全能、至善与至美。

笛卡尔还说神是"完满的"："我深信：凡是表明不完满的，在神那里都没有，凡是表明完满的，在神那里都有。"[14]

完满的意思类似于完美，即没有任何的缺陷与缺乏，样样都好，并且该有的一样都不少，同时不该有的一样也无。

在《哲学原理》中他则说上帝是全知的："只有上帝确是全知的，就是说只有他对于万物有完全的知识。"[15]

全知也就是知道一切，以我们的俗话说就是"天文地理，无所不知；鸡毛蒜皮，无所不晓"。上帝诚然是知道一切的，因为他是万能的上帝嘛！怎么可能会有他不知道、不了解的东西呢？

当然这时候又有人会质疑了：既然上帝是全知的，他预先知道亚当和夏娃会偷吃伊甸园中的禁果吗？如果他知道，为什么不预先阻止，以使人类不犯这样的永恒之罪？还有，上帝知道他创造这个世界与人类之后，世界会有这么多的灾难，会有这么多的罪恶吗？如果他知道，为什么他不预先阻止呢？如此等等，这些问题类似于前面上帝是不是罪恶的创造者的问题，其解决的办法也类似。

像至善、万能、完满、全知等这些对上帝的描述都好懂，这是广大基督徒对上帝普遍的认知。不过由此也可以看出来，在对上帝属性的基本理解上，笛卡尔和普通的虔诚基督徒是差不多的。

笛卡尔还认为，上帝是如此伟大崇高，他的伟大崇高我们人如何往高处想象都是可以的；千万不要限制自己的想象力，认为不应该把上帝想得太完美，那样的话就会犯错误了：

> 上帝的能力和德行都是无限的，而且我
> 们不要害怕自己由于想象上帝的作品太伟大、
> 太美丽、太完美，就会陷于错误。相反地，
> 我们应该小心从事，免得对自己所不确知的

作品假设一些限制，因而对上帝的权力不能表示应有的赞扬。[16]

笛卡尔的话简言之就是说：对上帝是怎么赞美也不会过分的，因为我们的一切赞美都是有限的，而上帝则是无限完美的，以有限对无限，当然我们的任何言语都不可能赞尽上帝之完美。

在《第一哲学沉思集》中，笛卡尔还给上帝下了一个简单的定义，所表达的也是上面的这些意思：

用上帝这个名称，我是指一个无限的、永恒的、常住不变的、不依存于别的东西的、至上明智的、无所不能的以及我自己和其他一切东西（假如真有东西存在的话）由之而被创造和产生的实体说的。[17]

这个定义之中，笛卡尔描述了上帝的永恒、无限、独立自存、全知全能等特征，这些我们上面都说过了，也好理解。但此外，这里还提到了上帝的另外一个特点，就是上帝是"实体"。

实体是西方哲学中一个极有名也极重要的概念，早在亚里士多德那里就得到了深刻的认识，例如他认为实体是这样的：

> 实体，在最严格、最原始、最根本的意义上说，是既不述说一个主体，也不存在于一个主体之中，如"个别的人""个别的马"。而人们所说的第二实体，是指作为属而包含第一实体的东西，就像种包含属一样，如某个具体的人被包含在"人"这个属之中，而"人"这个属自身又被包含在"动物"这个种之中。所以，这些是第二实体，如"人""动物"。[18]

这一段话好理解，第一实体就是那些个体之物，例如某个特别的人，像苏格拉底或者亚里士多德自己，当然我文聘元也行，都是第一实体。第二实体则是用来描述第一实体的词，例如人就是第二实体，因为它不是个体之物，而是用来描述个体之物的，例如文聘元是人。

从这些描述我们可以看到实体与范畴之间的区别了吧！实体虽然也是范畴，但却是一种独特的范畴，作为范畴，它是可以用来描述事物的，但却不是用来描述数量、颜色、动作之类，而是描述个体之物所属的类，从词性上说，它是名词。

理解了实体，就理解了西方哲学的一个重要核心。

关于实体，笛卡尔在《第一哲学沉思集》中也有这样一个大致的定义：

> 凡是被别的东西作为其主体而直接寓于其中的东西，或者我们所领会的（也就是说，在我们心中有其实在的观念的某种特性、性质或属性的）某种东西由之而产生的东西，就叫实体。[19]

笛卡尔在这里对实体的解释是比较清楚的，简言之实体就是那些产生别的东西的东西，是别的存在者附属于其中的东西。

此外他对实体还有另一个定义：

> 所谓实体，我们只能看作是能自己存在而其存在并不需要别的事物的一种事物。的确，我们只能设想有一个绝对独立的实体，那就是上帝。而且我们知道，一切别的事物所以能存在，只是借助于上帝的加持。因此，实体一词并不是在同一意义下（借用经院中惯用的术语）应用于上帝和万物的；那就是说，我们并不能清晰地理解这个名词的任何含义

是上帝和万物所共有的。[20]

这段话的含义十分深刻，笛卡尔一方面又说出了上面那些对实体的描述，包括上帝才是唯一的绝对的实体，同时他还指出了，实体这个词实际上是有不同含义的，因为它既可用于万物，也可以用于上帝，但用于二者时含义当然是不一样的。

这最后一句是最深刻的："我们并不能清晰地理解这个名词的任何含义是上帝和万物所共有的。"

在这句话里笛卡尔道出了这样一种思想：由于我们对实体的认识实际上是从万物而来的，但我们并不能确定万物与上帝之间有任何的共性，因此我们对上帝的一切认识与描述可能都是不正确的，即上帝是不可认知的。

这是一个极为重要的思想，也是基督教神学中最深刻的思想之一。

这个思想的核心就是：我们对上帝的理解是有限的，上帝的本性是不可知的。关于这个思想，我们后面还要讲。

什么是上帝的本质

我们现在要来谈上帝在万能至善等常识性特点之外的三个不一样的特点，较之上面的特点，现在所要说的三个特点，特别是最后一个，更是上帝的本质。

上帝的这三个特点分别是：上帝是绝对自由的，上帝是不可感知的，上帝是不可知的。

所谓上帝是绝对自由的，就是说，不但上帝本身是绝对自由的，而且他对世界有绝对的支配权与力，我们也应该绝对地服从上帝的绝对支配。对此笛卡尔是这样说的：

> 上帝支配全宇宙的那种权力，乃是完全绝对的、自由的。因此，我们应当感谢他给我们的那些好处，不当抱怨他没有赏赐我们（据我们所知）他有力量赏赐的一切。[21]

笛卡尔在这里说，上帝是绝对自由的，这就意味着上帝想怎样就怎样，这是他的自由，并且这种自由是绝对的，即没有一丝一毫的限制。上帝的这种绝对自由对于我们人而言就意味着上帝对我们有绝对的权力，因此我们必须绝对地服从上帝的这种权力。具体来说就是上帝给我们什么，我们就要接受什么，并且要感谢上帝。同样地，上帝不给我们什么，我们就不应当想要什么，即千万不要以为我们有权利得到什么。若上帝没有给我们，我们就心怀怨怼，这是绝对不行的，我们一定要避免这样的错误。

笛卡尔的这个观点显然和前面说过的我们人的意志或者说自由意志是有关的，在那里他也说了类似的话。

不过，笛卡尔同样认为，上帝的绝对自由与我们对上帝的绝对服从并不意味着我们就没有自由了，事实上刚好相反：

> 上帝的恩宠和自然的知识当然不是减少我的自由，而是增加和加强了我的自由。[22]

笛卡尔在这里还说明了上帝的绝对自由不会减少而是增加了我们的自由的原因：上帝虽然有绝对自由，但并不会阻止我们努力去认识自然。相反，上帝对人有恩宠，就是让我们去了解万物、认识万物，这样一来我们当然会有更多的自由，因为我们了解自然就是了解自然的规律，而一旦了解了自然的规律，我们就可以利用这些规律，这样我们就拥有了更多的自由。就像我们理解了飞行的原理之后，就可以发明飞机，这样我们当然就更自由了，可以像鸟儿一样在天空飞翔，而且比鸟儿飞得要快多了。

再来看上帝是不可感知的。

所谓不可感知就是我们不可以用感官去知觉上帝，例如不能用眼睛看见或者用耳朵听见上帝。对于上帝，这是理所当然的，是基督教神学中基本的常识，对此笛卡尔清楚地说：

> 上帝里边没有什么东西跟外部的东西相似，也就是说，跟物体性东西相似。[23]

笛卡尔在这里说了，在我们对上帝的所有认识之中，没有一样是和外物即外在世界的物体相似的，而外物的主要性质就是可以被感知，上帝自然不具有这样的性质。

至于为什么如此，笛卡尔认为，外物的本质特点就是广延性，广延性一旦存在就说明其是可以分割的，而上帝当然是不可分的，不可能分成两个甚至无数个上帝。这样一来，也就意味着上帝不具有广延性，是不可分的。于是上帝当然也就不可能是作为物质的那种物体了，对此笛卡尔还说：

> 广袤既是物体的本性，而且地方的广袤既然会有可分性，这就表示出一种缺点来，因而我们可以确知，上帝不是物体。[24]

既然上帝不是物体，当然也就不具有物体的可感知性了。

笛卡尔还说，上帝不但不是物体，甚至实际上是根本没有形体的："上帝不是有形体的，他并不像我们一样要以感官来知觉。"[25]

这个道理很清楚：我们的感觉所能够感知的只是那些具有形体的东西，例如日月星辰花草树木，此外火与光等也一样，只是它们的形体不那么固定罢了，也是有形体的。但上帝是没有这样的形体的，因此当然不可能被感知。

此外，在这里笛卡尔还说明了，上帝不但不可能被感知，他自身也不需要用感官去知觉，即不需要像我们人一样要用眼睛去看、用耳朵去听、用鼻子去闻，等等。为什么这样呢？他解释说：

> 在人的方面，他们能用感官来知觉，虽是一种完美的性质，不过每种感官都有被动性，这就表示它是有依靠性的，因此，我们必须断言，上帝是完全不具有感官的。[26]

笛卡尔在这里的意思就是说，我们人用来感知的感官本身是有局限性的，是被动的，要依赖许多东西。例如用眼睛去看实际上就是依赖眼睛才能看，用耳朵听实际上就是依赖耳朵才能听到，并且这里具有"被"的特点：当我们看到某物如一朵红花之时，我们往往是被动的，因为我们要看见一个物体需要有光，我们的视觉是要依赖光的，没有光就不能看到这朵红花，哪怕它就在我身边。还有，我们的眼睛的视觉能力也是很有限的，例如不能看见紫外线与红外线，耳朵也听不见超声波与次声波，如此等等。人从感觉器官到感觉能力都很有限，而上帝当然不是如此，上帝在知晓万物之时不可能是被动的，也不可能依赖任何东西去理解万物，但同时又可以理解万物。

总之，上帝是不可能有我们人这样的感官的，上帝虽然是全知的，但却不可能像人一样用感官去知觉。

由上可见，上帝之不可感知实际上有两重含义：一是我们不可能感知上帝，二是上帝不需要用感觉去感知我们或者万物。

正因为如此，笛卡尔又指出，正由于上帝的不可感知性，我们不能崇拜偶像，即不能雕刻一尊像，说这就是上帝，然后去崇拜这尊偶像：

> 上帝这个令人尊敬的名称也是这样。对于上帝我们没有任何影像或观念，这就是为什么不许我们用偶像来崇拜他的缘故，因为恐怕我们好像是领会了不可领会的东西。[27]

我们知道，禁止崇拜偶像乃是基督教中最古老的信条之一，早在《摩西十诫》中就说得很清楚，其中第二条就是：

> 不可为自己雕刻偶像；也不可作什么形像仿佛上天、下地和地底下、水中的百物。不可跪拜那些像；也不可侍奉它，因为我耶和华你的神，是忌邪的神。[28]

有人或许觉得这样做有些大惊小怪，或者难以理解，因为制作偶像并且将之当成上帝去崇拜不也是一种崇拜吗？为什么不行呢？

　　要深入地理解个中的道理是很困难的，但我们可以从这个角度去比较浅显地理解：倘若我们用任何的形象，例如画一幅图或者雕刻一尊像，然后将之当成上帝的像去敬拜，这里就可能产生这样一个大问题：我们凭什么认为上帝是像中的形象呢？当然没有任何的理由，而倘若没有这样的理由，那也就意味着我们所拜的这个像实际上根本不是上帝，因此我们并不是在崇拜上帝。换言之就是我们崇拜偶像与崇拜上帝是相互矛盾的，这样一来，为了崇拜上帝，我们就不能崇拜任何的偶像。

　　进一步地，其中实际上蕴含着另一个更深的问题。我们知道，当我们画一个神的像时，一定是会将这个神画成人一样的，但我们又当知道，人是有各种形象的，不但有高矮胖瘦美丑，而且有不同的种族，例如黄种人、白种人、黑种人与混血人，请问我们要将这个神画成什么样的人种呢？画成白种人吗？不行，黄种人与黑种人是不会承认神是这个样子的。这样一来，将神画成白种人就等于将这个神宣布为只是白种人的神，这势必会大大地削减潜在的信徒人数，对宗教的传播是非常不利的。若将神画成黄种人或者黑种人，结果同样如此。总之只要画神的像，就一定会有麻烦，会伤害这个宗教本身。所以无论是基督教、犹太教还是伊斯兰教，都是严禁崇拜偶像的，在我看来，其中一个主要的实际原因也许就在这里。

上帝的最后一个，也是最本质的特点是，上帝是不可知的。

关于上帝的这一本质笛卡尔说得很清楚：

> 从了解上帝进到了解万物时，我们必须记住，我们的理解是有限的，上帝的能力是无限的。……要使我们的企图完全免于错误，我们就必须小心谨慎，心中尽量记住，造万物的上帝是无限的，而我们是完全有限的。[29]

在这里，笛卡尔表达了两层意思，一方面是承认上帝的无限性，也认为我们可以凭借自己对一般存在物的认识去认识上帝，但另一方面他也强调，我们在这样做时，一定不要忘记了一个根本之点：我们人的力量是非常有限的，而上帝是无限的，因此我们对上帝的理解是有限的。简言之就是，就本质而言，我们根本无法真正理解上帝。

这乃是传统基督教神学中一个极重要的观点，可以说，倘若我们想从哲学的角度理解上帝，那么就必须清楚地意识到这一点。

对于这个观点，笛卡尔在《第一哲学沉思集》的序中说得更简明扼要："我们应该把自己的心灵看成有限的，把神看成无限的、深不可测的。"[30]

笛卡尔在这里说得很清楚，对于我们人有限的心灵而言，上帝是深不可测的，这意味着什么呢？意味着也许我们根本不可能真的理解上帝，或者说理解上帝的真正本质。打个比方说吧，倘若现在有一个深水潭，它真的深不可测，我们无论如何也无法到达它的底部，还能够说可以真的理解这个深潭吗？当然不能，因为它底下所有的东西完全是我们所无法知道甚至无法想象的。

这样一来，意味着我们前面谈的许许多多有关上帝的事，例如上帝是完美的、至善的、大能的，都只是我们人对于上帝的一种揣测，而这种揣测不能当成上帝本有的属性。

当然，这并不是说上帝不是完美的或者大能的，而是说，当我们说上帝是完美的、大能的、至善的，我们不要认为这些词句能够表达上帝的本质。因为就本质而言，上帝是超乎我们人的一切认识的。举个例子吧，上帝创造了世界，但若有人这样问：上帝为什么要创造这个世界呢？他创造世界的目的是什么？难道是要人去崇拜他吗？或者更根本性地说：上帝创造世界的"本旨"是什么？笛卡尔说，这是不可知的：

> 我们应该留神，不要自以为是，认为自己明了上帝创世的本旨。[31]

在上帝的诸特性与行为之中，创造世界是与我们关系

238

最密切，也是《圣经》中说得最清楚的地方，我们尚且无法理解，对于上帝其他方面的本性，我们怎么可能理解呢？那诚然是不可能的。

笛卡尔的这个思想是重要的，表达了他对上帝一种本质性的理解。倘若我们要分析笛卡尔对上帝的认识，清楚地了解这一点是必不可少的。

还有，我们也要明白，这种思想可不是笛卡尔首创的，而是在西方哲学史上其来有自，是基督教神学中最有影响的思想之一，我们下面就从历史的角度看看这一思想。

早在第一个伟大的神学家奥古斯丁那里，这种思想就出现了，奥古斯丁指出，即使我们谈论上帝的言语成千上万，作品汗牛充栋，所谈的这些就本质而言是与上帝无关的，或者说我们并不能确知其与上帝乃至与上帝的本质有关，因为归根结底，上帝是不可知的。这就是我们对于上帝所知所言的矛盾，这一矛盾将永恒存在，也无可解决。

后来到了伪狄奥尼修斯那里，奥古斯丁的这种观点更是发扬光大，达于极致。

伪狄奥尼修斯最重要的思想乃是他的否定神学，在其中他说：当那否定走向终极时，也就是走向真正的上帝时，万物将被全部否定，走向一种"终极的黑暗"。

这黑暗不是说上帝是黑暗的，而是说，到这里后，一切都沉入一片黑暗之中，我们将无法知晓其中的一切，就像我们无法看到黑暗中的事物一样。而上帝对于我们就类似于此，即上帝是不可知的，这就是否定的最终结果。对此伪狄奥尼修斯有一句话说得相当令人震撼：

> ……攀登得越高，语言便越力不从心；
> 当它登顶之后，将会完全沉默。[32]

这既是伪狄奥尼修斯的观点，也是很多神学家共同的观点。

总而言之，上帝之不可知就像帕斯卡所言：

> 上帝存在是不可思议的，上帝不存在也
> 是不可思议的。[33]

注　释

1 《西方哲学史》（下卷），（英）罗素著，何兆武、李约瑟译，商务印书馆，1976 年 6 月第 1 版，第 81 页。

2 《哲学原理》，（法）笛卡尔著，关文运译，商务印书馆，1958 年 9 月第 1 版之序言，第 9 页。

3 《哲学原理》，第 8 页。

4 《哲学原理》，第 9—10 页。

5 转引自《奥古斯丁的基督教思想》，周伟驰著，中国社会科学出版社，2009 年 5 月第二版，第 197 页。

6 《哲学原理》，第 11—12 页。

7 《哲学原理》，第 14 页。

8 《谈谈方法》，（法）笛卡尔著，王太庆译，商务印书馆，2000 年 11 月第 1 版，第 34 页。

9 《笛卡尔传》，（法）皮埃尔·弗雷德里斯著，刘德忠译，中共中央党校出版社，2000 年 4 月第 1 版，第 192 页。

10 《西方哲学史》，（美）梯利著，葛力译，商务印书馆，1995 年 7 月第 1 版，第 315 页。

11 《哲学原理》，第 15 页。

12 《哲学原理》，第 15 页。

13 《哲学原理》，第 9 页。

14 《谈谈方法》，第 29 页。

15 《哲学原理》，1958 年 9 月第 1 版之序言，第 10 页。

16 《哲学原理》，第 47 页。

17 《第一哲学沉思集》，（法）笛卡尔著，庞景仁译，商务印书馆，1986 年 6 月第 1 版，第 45—46 页。

18 《亚里士多德全集》（第一卷），（古希腊）亚里士多德著，苗力田主编，中国人民大学出版社，1990 年 9 月第 1 版，第 6 页。

19 《第一哲学沉思集》，第 161 页。

20 《哲学原理》，第 20 页。

21 《哲学原理》，第 15 页。

22 《第一哲学沉思集》，第 60—61 页。

23 《第一哲学沉思集》，第 190 页。

24 《哲学原理》，第 9 页。

25 《哲学原理》，第 9 页。

26 《哲学原理》，第 9 页。

27 《第一哲学沉思集》，第 181 页。

28 《圣经·旧约·出埃及记》，20:4。

29 《哲学原理》，第 10 页。

30 《第一哲学沉思集》之"给读者的序"。

31 《哲学原理》，第 47 页。

32 《神秘神学》，（托名）狄奥尼修斯著，包利民译，生活·读书·新知三联书店，1998 年 5 月第 1 版，第 102 页。

33 《思想录》，（法）帕斯卡著，何兆武译，商务印书馆，1985 年 11 月第 1 版，第 107 页。

第十讲
天地万物与神秘的"承载者"

分析了笛卡尔对上帝的理解之后，现在我们要来分析笛卡尔对上帝所创造的万物的理解。

笛卡尔对万物的这个理解当然不只是对我们一般所说的个体之物的理解，而是对除神之外的整个世界的理解。

这"整个世界"听上去未免太庞大，我们可以从一个最简单的角度去理解，即我们举目可见的一切事物，如花草树木、日月星辰等，当然也包括我们人自己的身体。

这些对象也可以用另一个名词去表达，就是可感之物，它们也构成了我们一般所理解的物质世界。

关于可感知的万物或者说物质的思想是笛卡尔一个很重要的思想，对于这个思想，黑格尔有一个很好的概括：

笛卡尔的一个主要思想是关于物质的：他把形体的本质只理解为广延。按照笛卡尔的说法，形体的本性是由它的广延性完成的；形体之所以是形体，是由于它有广延，而不是由于它具有别的性质。其他一切被我们认为是形体的性质的，只不过是第二位的性质，只不过是样式之类；它们是可以除去的，可以通过思维去掉的。[1]

也就是说，在笛卡尔看来，物质唯一根本的性质是广延，其他的性质都不是物质固有的，可以通过想象去掉，即我们可以想象只有广延而没有其他性质的物质。至于是否可以这样，大家不妨真的想象一下，例如试着想象没有颜色、气味、味道、重量等这些性质的苹果。

　　在万物中，最常见的当然就是日常所见的物体了，例如一只苹果或者一朵红花，这些都是物体。对于这样的物体，笛卡尔在《第一哲学沉思集》中有一个简单的定义：

　　　　一些行为我们叫作物体性的，如大小、形状、运动以及凡是可以被领会为不占空间的其他东西，我们把它们寓于其中的实体称之为物体。[2]

在这个定义之中，笛卡尔实际上将物体分成了两个部分：一是不占有空间的性质，二是一个占有空间的这些性质的承载者。这里的"寓于其中"意思就是说，像物体的大小、形状、运动等性质都是存在于这个承载者之中的，笛卡尔将这个承载者称为实体。

笛卡尔关于实体的这个思想是极为深刻的，表现了对物体的一种本质认识，若能深刻地理解，会使我们对事物有焕然一新的认识。

神秘的"承载者"

要怎样认识实体呢？我们还是从具体的物体去认识实体吧！

我现在以一个物体为例。请问：什么是苹果？它的颜色、大小、滋味、气味、重量等就是苹果本身吗？当然不是。这些颜色、大小、滋味、气味、重量之类是不能够吃的，当我们吃一个苹果时，也并不是吃它的颜色、大小、滋味、气味、重量等。还有，不同苹果的颜色、大小、滋味、气味、重量等都可以不同，但仍然是苹果，仍然可以吃。例如一个小小的青苹果，与大大的红富士在颜色、大小、滋味、气味、重量等上都有明显的不同，但依然可以吃，也依然是苹果；即使一个苹果变质了，不能吃了，也依然是苹果。

这就是说，虽然我们只可以通过颜色、大小、滋味、气味、重量等去了解一个苹果，但它们却并非一个苹果是苹果而不是其他东西的根本原因。一个苹果是苹果而不是其他东西的根本原因，在于并非这些性质的其他因素。

当然，也有人认为，虽然颜色、重量、大小等不能单独构成这个苹果之所以成为这个苹果、之所以成为苹果的要件，因为别的东西也可以是这样的颜色、重量与大小等，但如果把更多的性质加起来就会构成一种性质的集合。这时候，这些性质就属于这个苹果而不是其他任何的苹果或者事物了。因此，该事物也就是这些性质的集合，即使它是无限多的。如此一来，所有的事物都可以用这种方式来描述，即通过性质来描述这个事物。

这样的说法有一定道理，因为我们确实可以通过性质的描述将每一个事物与别的任何事物区分开来。但现在的问题是，性质就是事物本身吗？

我们知道，性质实际上只是一些特征，并非实体，这是两种截然不同的东西，怎么能够等同呢！

所以，相当明显地，在性质与具体的事物之间有着本质的不同，例如在苹果的各种性质与这个可以吃的苹果之间有着根本性的差异。

因此，在一个苹果之中必定有某种东西，它不是性质，不是大小、重量、气味、体积等，但正是它承载着所有这些性质，它才是苹果本身。

由于我并不知晓这个东西究竟是什么，姑且称之为X。

这个X并非传统哲学里被称为实体或者理念的东西，因为实体或者理念都是些抽象的东西，是一些意识或者思想性的东西，但这个X却不是，它似乎是一种物质性的东西，甚至似乎是可以吃的。例如苹果，当我们吃一只苹果时，吃的难道是它的大小、重量、气味、体积等这些性质吗？当然不是，我们吃的是实实在在的苹果，是可以消化的食物，是这些性质的某一种承载者。我们将它吃到肚里去了——虽然并不知道它是什么。

那么，对于这个承载者，我们知道什么呢？能够说什么呢？

或者更具体地说，当我们吃一只苹果时，我们吃的究竟是什么？

这就是我们在这里要回答的问题。

我们现在就来试着回答这个问题。

首先，如前所言，我们吃的不是性质，例如苹果的大小、重量、气味、体积等，这些东西显然是不能吃的。也许您可以说，我们不吃抽象的性质，但可以吃具体的大小、重量、气味、体积啊，例如多大的体积、什么样的气味滋味，诸如此类。

如果是这样，那么我要请问，到底多大体积、什么样的气味滋味可以吃呢？一块石头可以像苹果那么大那么重，它可以吃吗？

因此，我们吃的显然不是大小、重量、气味、体积等这些性质，须知能够描述并不意味着能够吃，就像我们大可以用单独的重量这个性质来描述一只苹果，例如 215.32347845455255 克，世界上只有这只苹果有这么个重量。那么我们吃的就是这个 215.32347845455255 克吗？显然不是。

那么我们吃的是什么呢？

很简单，我们吃的是有 215.32347845455255 克的这个东西，而不是 215.32347845455255 克。

现在，我们不妨用大写字母 A 来表示苹果，小写字母 a 来表示性质，A_1 来表示这只苹果，而 A_1 的性质分别用 a_1 和 b_1 等小写字母来表示，如 a 是颜色，b 是重量，而 a_1 是这只苹果的颜色，b_1 是这只苹果的重量，如此等等。这样就构成了以下的等式：

$A_1 = a_1 + b_1 + c_1 + d_1 + e_1 \cdots\cdots$

以之为例，我们吃的是具有 $a_1 + b_1 + c_1 + d_1 + e_1 \cdots\cdots$ 这些性质的这个苹果，这些 $a_1 + b_1 + c_1 + d_1 + e_1 \cdots\cdots$ 都是用来描述这只苹果的性质的，但我们吃的并不是 $a_1 + b_1 + c_1 + d_1 + e_1$ 这些性质本身。

不过，只要我们稍加注意，从句式就可以看出来我们吃的是什么，例如在"我们吃的是有 215.32347845455255 克重的这个东西"和"我们吃的是具有 $a_1 + b_1 + c_1 + d_1 + e_1 \cdots\cdots$ 这些性质的东西"这两句话中，在 215.32347845455255 克

这个性质和 $a_1+b_1+c_1+d_1+e_1$……这些性质的后面都有"的东西"三个字。根据语法我们就可以简单地看出来，我们吃的不是前面的性质，而是后面的东西。用一个更简单的句子来分析，我说："我今天吃了美味的大虾。"请问我吃的是"美味的"这个性质呢还是"大虾"这个东西？当然是大虾这个东西！

至此我们分析完了当我们吃一只苹果时，我们吃的是什么的第一步，即我们吃的不是苹果的性质，无论这个性质是 215.32347845455255 克，还是 $a_1+b_1+c_1+d_1+e_1$……，我们吃的是具有这些性质的后面的这个东西。

那么问题是，性质后面的这个"东西"又究竟是什么呢？

我们姑且称这个东西为 X，现在请问，我们能够知道它的一些什么呢？只要我们试着进行下一步的分析，就又会堕入刚才的泥潭，即又只能用一些描述性质的词去描述这个 X，这又要重复前面的问题了。

因此，对于这个 X，我们也许可以称它为某种神秘的东西。关于它我们什么也不能说，不能说它神秘，甚至不能说它存在，因为神秘与存在也是一种性质。

或者我们应当保持沉默，就像维特根斯坦所言，对于不可说的东西，必须保持沉默。

不过，虽然我们应当保持沉默，却又难以做到，否则我们就要从这里将前面的话删除了，这才是真正的不说。

实际上我们对于它还是可以有所言说的。

那么这个神秘的东西是什么呢？我们只能够说它是一种载体，即一个苹果之所以是苹果而不是其他东西的载体，是这些性质一个神秘的承载者。正是它承载着苹果的那些性质，如颜色、大小、滋味、气味、重量等，但它自己绝非性质，而是与性质有本质不同的其他东西。对于这种东西究竟为何我们无从谈起，也根本无法谈起，原因就在于我们根本无法描述它们！它们是什么颜色、多大多小、什么滋味、何种气味、多少重量等，我们一概不知，而且，一旦我们用这些词去描绘它，就是描述苹果本身而不是那个性质的载体了。还有，即使可以这样描述它，那么我们对这个载体又是用颜色、大小、滋味、气味、重量等去理解与描述了，这个载体究竟是什么，依然是不知道，因为这些颜色、大小、滋味、气味、重量之类的性质同样需要一个载体去承载！这个过程将至于无穷。

不但苹果是这样，任何可感之物都是这样，都有这样的一个神秘的承载者，承载着万物的性质并使得万物显现。

总之，当我们去描述某个具体的东西时，我们看到的总是用以描述事物性质的词汇。

倘若我们深入思索，会发现这对于所有事物都是适用的。

但这些描述就是对象本身吗？显然不是，就像大小、重量、气味、体积等性质加起来并不是苹果一样。

这就是说，我们了解任何事物，所了解的都只是性质，但对承载这些性质的那个载体，虽然它是这个事物之所以是该事物的根本原因，甚至可以说，它才是这个事物本身，但对于它我们却几乎一无所知。

当然，我们对于它也不是真的一无所知，因为我们知道一点，就是它的存在。

如此而已，别无其他！

苹果如此，任何可感之物都如此。

现在回到笛卡尔。只要稍加思索，我们就可以发现，上面的这个神秘的性质的承载者也就是笛卡尔所称的实体，它最主要的特点有两个：

一是它必然存在，二是它无法感知。由于同时具有这两个特点，它十分神秘，类似于后来康德所提出的物自体。

还有，我们上面的这些分析看上去有些散漫，但也是基于笛卡尔的，只是作了一些发挥而已。笛卡尔所说的"物体"实际上就是我们上面分析的物体各种可感性质的"神秘的承载者"。

通过这些发挥，我们可以更深刻地理解笛卡尔话语中蕴含的深刻意义。

在我看来，笛卡尔这句"一些行为我们叫作物体性的，如大小、形状、运动以及凡是可以被领会为不占空间的其他东西，我们把它们寓于其中的实体称之为物体"，可以说是整个笛卡尔哲学中最"微言大义"的话语之一，即使放到整个西方哲学史上也是如此。

无边的宇宙

在实体之后，笛卡尔对具体的可感之物或者说物体的性质也进行了分析，在笛卡尔看来，这些可感之物即物体的第一属性就是广延，对此他说："物体的本性，不在于重量、硬度、颜色等，而只在于广袤。"[3]

对这个广延（广袤），在《探求真理的指导原则》里笛卡尔是这样定义的：

> 我们所说的广延，指的是具有长、宽、深的一切，不问它是实在物体，还只是一个空间。[4]

笛卡尔在这里指明，所谓广延指的是一种可度量性，即可以用长、宽、深（高）去度量，只要可用长、宽、深去度量的一切，无论其是可感知的物体还是纯粹的空间都称为广延。

还有，这里的长、宽、深也可以用另一个词来统一地表示，那就是"维"，长、宽、深分别是一个维，因此我们所指的物体是三维的，空间也是三维的。

不过，笛卡尔认为，不仅长、宽、深才是维，还有其他的许多维：

> 所谓维，指的不是别的，而是我们认为某一主体之所以可度量的方式和原因，因此，不仅长、宽、深是物体的维，主体赖以有重量的重力也是维，速度是运动的维，诸如此类以至无穷。[5]

显然，笛卡尔这里的维和我们现在所说的维，含义是不一样的，它所指的实际上是物体的一些性质，一种性质就是一个维。由于物体的性质是无限的，自然也就会有无数可能的维了。不过在一般的情形下，我们还是将维指称其空间的特性，即长宽深，这样才能更清楚地分析可感之物的广延性。

笛卡尔认为，广延性是物体最主要的属性，物体就是由广延这种最基本的属性再加上一些偶性构成的。正是在此基础上，他对物体作出这样的定义：

> 作为广延以及广延为前提的偶性（如形状、位置、地点的运动等——引者注）的直接主体，叫作物体（或肉体、身体）。[6]

笛卡尔在这里将物体称为直接主体，广延以及偶性就存在于它之中，类似于杯子是由瓷和瓷上面的画所构成的，这个瓷就相当于广延了，而偶性相当于上面的画。

在这里还可以看出来，笛卡尔认为物体有两类性质，即广延与偶性。广延我们已经说过，至于偶性，简言之就是我们上面分析一只苹果时所说的那些形状、味道、颜色、气味之类了。在笛卡尔看来，这些性质是次要的，是事物偶然而不是必然具有的，因此才称为偶性。

笛卡尔认为，世界万物都是由广延构成的，广延乃万物本质属性。因此，从万物都具有广延这个角度来说，世界上只有一种物质："全宇宙中只有一种物质，而我们所以知道这一层，只是因为它是有广袤的。"[7]

这是好理解的，我们甚至可以将宇宙间一切的物质都给一个统一的名称：有广延者。这是一定可以的，因为无物不有广延。

从这些分析之中我们可以看到，笛卡尔对物体的这种分析与我们日常生活中对可感之物的理解是不一样的。事实上，我们很难单独理解笛卡尔所说的那个物体的广延性，因为这个广延性实际上是不可感知的，而我们一旦看到或想到任何的物体，总是同时要将它的颜色形状等这些"偶性"联系在一起。我们前面已经说过，笛卡尔认为颜色、形状、气味等这些附带的、偶然的属性即"偶性"，不一定要具有，物体必须具有的性质只有广延一种。但广延本身又是很难从我们习惯的形象思维去了解的，是一种完全抽象的东西，只可凭借一般来说不那么习惯的抽象思维去理解。

那么我们究竟应当如何理解这个广延，或者某个物体如一只苹果的广延呢？我的建议就是想象，只要通过上面那个吃苹果的例子，好好想象一下，也许就可以领会广延这个物体的根本属性了。

物体的本性是广延，笛卡尔进一步地认为，广延自身是无限的，即没有边界的，或者说是无限之大的。

怎样理解呢？我们只要把这里的广延理解为空间就可以了。空间当然是无限的，是没有边界的。我们不妨通过想象理解这样的无边界。例如当我们认为到达了任何可能的空间的边界时，可以自问是不是可以继续想象呢？例如想象这个边界还可以继续往外扩展呢？当然是可以的。这就是说，我们实际上找不到空间的任何边界，犹如找不到宇宙的任何边界，因此宇宙是无边的，而广延也是无界的。

我们这个宇宙有没有边呢？这是我从小就关心的问题，那时候我的疑问是：天有没有边？现在这依然是一个问题，不但是我的问题，也是科学家们研究的问题，这个问题也是宇宙学的重要内容之一。答案当然有两种，一种是无边。例如爱因斯坦提出过一种"有限无边"的宇宙理论。所谓有限，指它的体积是有限的，但为什么无边呢？我们可以设想一种"超球面",它是三维的,有一种巨大的引力吸引着空间中的一切。因此倘若有两个人在这种三维的超球面上生活,一个人坐宇宙飞船往太空飞去,另一个人本来和他并肩站着,现在留在原地不动。假设这两个人可以活得无限久,那么在无限遥远的未来,留下的那个人一定会看到飞船从他后面飞过来。犹如我们在地球上进行环球飞行的情形一样。这个宇宙一方面是没有边的,因为你无法想象这个边在哪里;但又是有限的,因为受着一种巨大的引力的作用,整个的宇宙空间变成了一个类似的"宇宙球"。

这也许是到目前为止最具权威性的宇宙模型,但却不是唯一的,后来还有其他不同的宇宙学理论,例如被认为是爱因斯坦之后最伟大物理学家的霍金,他提出过两种宇宙模型,其中一种认为宇宙无边界,正如宇宙没有开始,因为宇宙没有边界,当然也无所谓开始,对于整个宇宙而言时间是没有意义的。但晚年他又提出一种宇宙有边界的理论。但宇宙或者说空间究竟是有边还是无边,这恐怕永远是见仁见智的事。

万物只是心象

广延之后,我们再来看可感之物的另一个重要而且更为明显的特点,就是它的可感性,也就是笛卡尔所说的"偶性"。

对一般人而言，这种可感性，即可感之物或者说物质可以看见、听到、摸到、闻到或者尝到的性质，是物质最为根本与重要的特性。也正因为物质有这样的特性，我们才会进一步地想到事物是一种"客观存在"。例如我们看到一朵红花就在面前，红艳艳的，于是认为这朵红花是客观存在的。但笛卡尔可不这么认为，在他看来，我们之所以这么认为，只是出于一种自幼养成的习惯，对此他说：

> 我们大家无例外地自幼就认为我们凭感官所知觉的一切事物，在我们的思想以外存在着，而且以为它们是和我们对它们所生的那些感觉或知觉完全相似的。[8]

这段话是很深刻的，笛卡尔在这里表达了两层意思：一是我们之所以觉得那些可感之物是外在于我们的，只是因为我们从小习惯于这样；二是我们觉得外物本身和我们的感觉是一样的，同样是习惯的结果。这个思想不但深刻，也极为重要，对后世影响很大，例如正是这个思想后来在洛克那里发展成了著名的关于事物第二性的质的理论。

笛卡尔认为，我们认为可感之物是客观存在并且和我们所感知的性质是一样的，这当然是错误的，只是一种儿时就形成了的偏见罢了。他还进一步地谈到了偏见形成的原因，就在于我们太过关心自己这个也是可感之物的身体了：

　　我们错误的主要原因多半在于儿童时的偏见。在这里，我们可以看出，我们错误的首先的、主要的原因。在早年，人心极其密切地固着于身体，它所注意的只限于物象在其身体上印了印象后所生的那些思想；它在那时也并不把这些思想参照于它自身以外存在的任何事物。身体受了伤，则心便感到痛苦，身体如遇到有益的事物，则心便感到快乐。[9]

笛卡尔在这里所表达的意思是，我们之所以养成了这样的坏习惯并进而形成了错误的观念，其实是和人的主观感受相关的。当一个外物伤害了我们时，例如当一个巴掌打了我们时，我们就感到痛苦；如果得了好处，例如吃到一只美味的苹果，我们就会感到快乐。无论是挨了巴掌的痛苦还是吃了苹果的快乐，其实都只是主观的感受而已，但正是这些主观的感受导致了种种的偏见与错误。例如让我们认为外物是客观存在的，我们感受到的种种性质也是外物本身固有的客观性质。

　　用更简明的话来分析就是说，我们是通过主观的感受去理解外物的存在及其性质的。也因此这些外物在我们心中的客观存在及其各种可感性质当然也都是主观的，只是一种习惯形成的偏见而已。打个比方说吧，一个黑人由于从小生活在黑人群体里面，自然就认为皮肤黑是美的，一个白人则由于从小生活在白人群体里，因此就认为皮肤白是美的，如此而已，都是一种主观的感受，倘若换了环境，那是完全可能改变观念的。

　　笛卡尔还举了许多类似的例子，例如我们因为看不到地球绕着地轴在转动，就认为大地是不动的，看到大地似乎是平的，于是就认为世界是平的，就像平铺的一块巨大的布一样，而不会看到真实的大地实际上弯曲如圆球的表面，并且是不断运动着的。还有，当我们仰望星空，看到天上的星星是小小的，于是便认为天上的星星真的很小，不知道它实际上大得很。这些观念当然是错误的。而我们认为可感之物是客观存在的，以及它具有颜色气味等各种性质实际上也是类似的情形，都是我们从儿时起就养成了的偏见而已。笛卡尔甚至说，我们还有"千百种性质相同的别的偏见"。

　　正是由于从小养成了这种种的偏见，当人们成年后，就自然不会知道那些只是儿时的偏见，而是会认为它们都是真实而明显的，是可感之物固有的性质。这样一来，就继续错下去了，甚至一错到底！在笛卡尔看来，这自然是错极了！

　　进一步地，笛卡尔说，正由于我们从小习惯了这些可感之物，认为只有它们才是真实存在的，结果就只能想象有这样的东西了，认为它们就是唯一的实体。而对于那更为根本的实体，即不可感知、只能通过思维而知道即"思知"的实体，则无法理解了。这真是错上加错。

笛卡尔指出，我们对物体的上述种种错误理解主要是因为习惯，就是说它们实际上只是在我们心中形成的一些习惯性的观念而已，只是一种心理的东西，所以文德尔班说：

> 根据笛卡尔的意见，不仅感官感觉，而且感觉内容都不属于空间的东西，只属于心理世界。[10]

这就是说，我们平常那些可以感觉的、认为是物质的东西，例如一只红苹果或者一朵红花，甚至日月星辰，无论是它的红还是它的甜，它的大还是它的小，实际上都只是一些心理的东西，是我们主观的想象而已，只是一种心象——简言之就是万物都是心象，物体真正的、固有的本质只有一种，就是广延。

这就是笛卡尔对我们平常所说的物体的理解了。这样的理解有些吓人吧？但倘若我们深入思索，就会发现笛卡尔这个思想既伟大又深刻，而且和他的其他思想如心物平行论都是一致的，不但表现了笛卡尔思想的伟大，而且表现了它那严谨的逻辑性与系统性。

从笛卡尔的这些思想我们也可以清楚地得到一个结论，就是万物并非我们想象中的样子，它的性质只是一种表象，另有神秘的承载者，而它的整体也许如笛卡尔所说，只是一种心象。

万物只是人的心象即心中的观念，这一思想看上去有些荒谬，但在西方与中国却都是相当普遍的认知，许多伟大的思想家都提出来过，例如贝克莱所说的"存在就是被感知"，还有叔本华所说的"世界是我的表象"，都是这样的思想。

在中国也有许多脍炙人口的例子。

例如佛家中有名的幡动与心动之典。据说在法印寺，某日黄昏，晚风习习，吹得寺里的旗幡在风中招摇，六祖慧能听到两个僧人在争论，一个僧人说是"幡在动"，另一个却说是"风在动"，谁都说服不了谁。

慧能说："我觉得这既不是幡动，也不是风动，而是你们的心在动。"

这个典故中就有着极深的哲理，根本含义就是笛卡尔所说的万物都是心象。所以物之动实际上就是"心在动"。这同样是佛家的思想，即佛家认知的第三境界，也就是认识了万物的本质，这个本质就是"万物唯心"，即佛家中所谓"三界唯心"。三界唯心即欲、色、无色三界之中，一切诸法皆由一心所变现。所以佛经中说："三界虚妄，但是心作。十二缘分，是皆依心。"[1]

此外还有王阳明思想中的"心外无物"。

所谓心外无物就是说，心与物是同体的，物不能离开心而存在，其核心就是强调了心：心与物之中，心乃是本体。他在《传习录》中曾说过："身之主宰便是心，心之所发便是意；意之本体便是知，意之所在便是物。"

《传习录》中还有这样的故事：

> 先生游南镇，一友指岩中花树问曰："天下无心外之物：如此花树，在深山中自开自落，于我心亦何相关？"先生曰："你未看此花时，此花与汝心同归于寂；你来看此花时，则此花颜色一时明白起来，便知此花不在你的心外。"

这些言语并不难懂，这里就不解释了，其中的含意大体上和笛卡尔、贝克莱、叔本华以及佛家的思想是一致的，都认为天地万物只是我们心中的观念即心象而已。

倘若你理解了这一点，也就理解了西方与中国传统哲学的核心之一了；倘若不理解这样的思想，恐怕是很难理解西方与中国哲学精髓的。

无限可分且有规则的万物

万物的可感性之后，我们再来分析它的另外两种性质，即有复合性与有序性。

复合性就是说笛卡尔认为万物是有结构的。所谓有结构，即万物都是由一些更小的单位结合起来而形成的，就像由许多细胞或者分子构成一片树叶一样。笛卡尔在《哲学原理》中说得很明白："可感的物体是由不可觉察的分子合成的。"[12]

进一步地，笛卡尔认为这些不可觉察的分子是可以继续分割的，甚至可以永远无限地分割下去。他在《哲学原理》中说得非常肯定：

> 确实地说来，最小的有广袤的分子永远
> 是可分的，因为它的本性原来就是如此。[13]

看到了吧，笛卡尔认为那些构成万物的分子的本性就是可以无限分割，这和此前德谟克利特与莱布尼茨认为存在不可分割的小分子的观点有着天壤之别，算是笛卡尔万物构成理论的特色。

中国古代也有与笛卡尔类似的思想，如庄子就说过："一尺之棰，日取其半，万世不竭。"[14] 就是说，一根一尺长的棍子，一天砍一次，每次砍成原来的一半长，这样可以砍上无数天、砍千秋万世也行，甚至可以无限地砍下去。

大家仔细一想，似乎确实如此，不可能有一天它不能砍了，因为哪怕它的长度只剩下了 0.0000000000000000000000000001 米，前面有无数个 0，但终究还是可以半分的，就是再除以 2，依旧可以得到一个数字，这个数字就是再砍一次的长度，如此以至于无穷。

当然，从现代物理学的角度来看，这根棍子短到一定长度之后，就不是棍子了，而成了某个分子，但分子依旧可以小下去，就是原子——由分子到原子，又要小多少！原子往下又可以再分，到质子、中子和电子，它们仨还可以再分，直到现在最小的叫"夸克"，但夸克无疑也是可以再分的，总之，这个过程如笛卡尔所言，似乎可以无穷无尽。

再来看万物的有序性。

所谓有序性就是指万物的存在是有一定秩序的，不是杂乱无章的，这从笛卡尔的这句话中就可以看出来："一切事物都可以排列为某种系列。"[15]

既然一切事物都可以排列为系列，那就说明它们彼此之间有着一定的秩序。

至于为什么万物会有这样的秩序，也许笛卡尔的这句话可以给我们作出一定的解释：

　　　　某种纽带，把简单物互相联系起来，由
　　于它们不言自明，而成为我们推理以得结论
　　的根据。[16]

笛卡尔的这个解释其实有点多余，因为他并没有说明这是
什么样的纽带。而万物只要有序，自然说明有纽带将它们
联系起来了，例如上帝的意志也可以说成是一种纽带呢！
还有，万物之间存在着某种纽带使它们彼此相连，在西方
哲学史中也算作一个常识，例如早在皇帝哲学家马可·奥
勒留那里，他就认为万物乃是互相联系的，构成一个统一
的整体。

　　万物这种有序性最鲜明的表现当然就是自然规律的存
在了，因为有规律，就是有序。

　　关于自然规律我们前面已经说过了，说它乃是神创的，
这里我们要再谈几句笛卡尔对自然规律的其他认识。

　　笛卡尔很重视自然规律，他认为，正是自然规律使得
我们这个世界变得井然有序，使宇宙万物有序地存在与运
动下去。他甚至说，即使这个世界当初是混沌一片的，只
要上帝创造了自然规律，世界就可以凭借自然规律之力量
而变成我们现在看到的这样井然有序：

　　　　即便神当初给予世界的形式只是混沌一
　　团，只要神建立了自然规律，向世界提供协助，

使它照常活动，我们还是满可以相信：单凭
这一点，各种纯粹物质性的东西是能够逐渐
变成我们现在看到的这个样子的。[17]

除此之外，笛卡尔还认为自然规律是恒在的与普适的，
他甚至说："自然规律，即便神创造了许多世界，也没有
一个世界不遵守它们。"[18]

这就是说，自然规律是一定存在的，并且不可避免，
即万物一定要遵守之。而这也使得万物之存在必定是有规
律的，是有序的而不是杂乱无章的。

至此我们就通过笛卡尔理解了万物，以及前面的上帝
与自我等。笛卡尔哲学为我们提供了一条理解举目可见的
万物，甚至不可见、只能存在于心中的一切的路！而这"一
切"，可以被简称为"世界"。

这个世界包括神与万物，万物是神创的，是有规律的，
是由很小的微粒构成的，并且就本质而言只是我们的心象。
这就是笛卡尔对世界与万物简明的认识。

笛卡尔的这些思想也深刻而清楚地告诉我们，哲学是
对世界的解释。

注　释

1　《哲学史讲演录》（第四卷），（德）黑格尔著，贺麟、王太庆译，商务印书馆，1978 年 12 月第 1 版，第 87—88 页。

2　《第一哲学沉思集》，（法）笛卡尔著，庞景仁译，商务印书馆，1986 年 6 月第 1 版，第 177 页。

3　《哲学原理》，（法）笛卡尔著，关文运译，商务印书馆，1958 年 9 月第 1 版之序言，第 35 页。

4　《探求真理的指导原则》，（法）笛卡尔著，管震湖译，商务印书馆，1991 年 1 月第 1 版，第 81 页。

5　《探求真理的指导原则》，第 85 页。

6　《第一哲学沉思集》，第 162 页。

7　《哲学原理》，第 45 页。

8　《哲学原理》，第 27 页。

9　《哲学原理》，第 30 页。

10　《哲学史教程》（下卷），（德）文德尔班著，罗达仁译，商务印书馆，1993 年 10 月第 1 版，第 554 页。

11　《华严经》卷二十五之《十地品》。

12　《哲学原理》，第 57 页。

13　《哲学原理》，第 44 页。

14　《庄子·天下》。

15　《探求真理的指导原则》，第 23 页。

16　《探求真理的指导原则》，第 60 页。

17　《谈谈方法》，（法）笛卡尔著，王太庆译，商务印书馆，2000 年 11 月第 1 版，第 37 页。

18　《谈谈方法》，第 36 页。

我思，我读，我在
Cogito, Lego, Sum